심리학으로 말하다

셀러브리티

심리학으로 말하다
셀러브리티

초판 1쇄 발행 | 2022년 4월 5일

지은이 | 게일 스티버
옮긴이 | 정지숙
펴낸이 | 조승식
펴낸곳 | 돌배나무
공급처 | 북스힐
등록 | 제2019-000003호
주소 | 01043 서울시 강북구 한천로 153길 17
전화 | 02-994-0071
팩스 | 02-994-0073
홈페이지 | www.bookshill.com
이메일 | bookshill@bookshill.com

ISBN 979-11-90855-11-2
979-11-90855-00-6 (세트)
정가 13,500원

• 이 도서는 돌배나무에서 출판된 책으로 북스힐에서 공급합니다.
• 잘못된 책은 구입하신 서점에서 교환해 드립니다.

심리학으로 11 말하다

CELEBRITY

셀러브리티

Gayle Stever | 정지숙 옮김

게일 스티버 Gayle Stever는 모두를 위한 고등교육 기회 제공을 목표로 하는 뉴욕주립대학교State University of New York와 엠파이어 스테이트 칼리지Empire State College의 부교수로 재직 중이다. 1994년 애리조나주립대학교Arizona State University에서 미디어 심리학을 중심으로 발달 심리학 박사 학위를 취득했고, 지난 30년간 팬들이 조직한 다양한 모임 내에서 폭넓은 인적 네트워크를 형성하여 참여 관찰자 시점에서 팬과 셀러브리티의 관계를 연구해 왔다.

정지숙은 성균관대학교에서 영어영문학을 전공했고 이화여자대학교 통·번역대학원에서 번역학 석사 학위를 취득했다. 현재 동 대학원 통·번역연구소 소속의 영한 및 한영 전문 번역가이자 연구자로 정부 과제 및 기업 의뢰 번역을 수행하고 있으며 문학, 문화, 기술, 경제 분야의 프리랜서 번역가로 활동 중이다. 옮긴 책으로는 '심리학으로 말하다' 시리즈 『다이어트』, 『학교 폭력』, 『퍼포먼스』가 있다.

01
셀러브리티에 대하여

지난 20년간 셀러브리티에 대한 관심은 특히 학자들을 중심으로 계속해서 증가했다. 2010년 『셀러브리티 연구Celebrity Studies』라는 아주 신선한 학술지가 첫선을 보였다. 이 학술지의 표지 안쪽 면에는 "『셀러브리티 연구』는 셀러브리티, 스타덤, 명성에 대한 비평적 탐구에 주력하는 학술지이다. 다양한 학문 간 연구법, 미디어 형태, 역사적 기간, 국가적 맥락 등을 통해 셀러브리티를 이해하고자 한다."고 적혀 있다. 그래엄 터너Graeme Turner(2010)는 창간호에서 『셀러브리티 연구』와 같은 학술지가 필요한 이유에 대해 논했는데, 그의 설명은 이 책이 필요한 이유와도 매우 흡사하다. 여러 이유 중 무엇보다 셀러브리티가 우리의 관심 대상이고, 미디어가 지배하는 21세기에 소비를 주도하기 때문이다.

셀러브리티는 매개된 공간에 의해 존재한다. 셀러브리티에 대해 대화(혹자는 '가십'이라고 부를 것이다)하는 사람이 없다면 명성이나 셀러브리티도 없을 것이고, 그런 대화가 이루어질 수 있는 공간인 미디어가 없다면 셀러브리티는 아예 존재할 수 없다. 셀러브리티는 사회적 존재이다. 따라서 고립되어 존재할 수 없다.

셀러브리티의 정의

특히 최근 20년간(이 책의 집필 시점을 기준으로 1998년부터 2018년까지) 셀러브리티에 대한 많은 연구 논문이 집필되었지만, 셀러브리티를 간결하고 한정적으로 정의하는 일은 여전히 어렵다.

셀러브리티라는 개념은 단순히 알려진 것, 혹은 '유명한 것'이 아니라 어떤 사람이 왜 알려졌는지 그 이유까지도 포함한다. 캐런 스턴하이머Karen Sternheimer(2015)는 셀러브리티를 "특정 숫자 이상의 대중이 지켜보고, 알아보고, 알고 있는 모든 사람"(p. 2)이라고 정의한다. 셀러브리티는 그 사람의 사생활에 대한 흥미를 통해 묘사된다.

셀러브리티는 상태인가, 특성인가?

셀러브리티에 대한 대부분의 글에서 셀러브리티라는 단어는 사람을 지칭하는 명사로 사용된다. 하지만 명사가 아니라 사람의 특성을 나타내는 형용사로 생각해 보면 어떨까? 그러면 사람들의 여러 성격에 대해 논하듯 셀러브리티에 대해서도 이야기할 수 있을 것이다. 성격 연구에서는 상태와 특성을 구분하려는 공통된 흐름이 있다. 예를 들어 외향성은 '조는 외향적인 사람이다'에서와 같이 사람의 특성을 나타내는가? 아니면 '헬렌은 오늘 외향적인 것 같아'에서처럼 상태를 나타내는가?

'셀러브리티'라는 말을 상태처럼 사용하면 어떤 사람의 셀러브리티는 변화 가능하다고 이야기할 수 있을 것이다.

즉, 어떤 사람이 셀러브리티라기보다 셀러브리티 상태이거나 잠재적으로 셀러브리티의 특성을 지녔다고 이야기할 수 있을 것이다. 브래드 피트는 셀러브리티이다. 그는 상당히 오랫동안 유명했기 때문에 셀러브리티라는 특성을 계속해서 지니고 있다. 이와 달리 어떤 사람들은 오늘 셀러브리티 상태였다가 내일이면 잊히기도 한다. 그러나 이러한 일시적 셀러브리티는 인명 구조나 다른 단발적 성격의 영웅적 행위와 같이 상대적으로 낮은 단계의 셀러브리티에서 주로 존재한다(반 드 리츠van de Rijt, 쇼어Shor, 워드Ward와 스키에나Skiena, 2013).

셀러브리티는 우리의 주목을 받는 사람들이다

반 크리켄Van Krieken(2012)은 복잡한 사회에서 관심은 희귀 자원이라고 했다. 우리의 이목을 끄는 것들이 너무 많기 때문에 우리는 어디에 주목할지 선택해야 한다. 셀러브리티는 독특한 특징이나 업적 또는 행동을 통해 우리의 이목을 끄는 사람들이다. 어떤 사람이 우리의 이목을 끄는 데 성공했다면, 그 사람의 업적이나 다른 독특하고 이목을 끄는 특징 때문에 그 사람이 셀러브리티 상태에 있다거나 유명세를 얻고 있다고 말할 수 있을 것이다. 때로는 오스카 와일드Oscar Wilde의 경우처럼 단순히 어떤 특징을 가진 것만으로도 이목을 끌기도 한다. 그는 상상 이상으로 별난 탓에 주목받기 시작한 19세기 인물이다. 그는 명성에 걸맞은 무언가를 실제로 성취하기 훨씬 전부터 셀러브리티 상태에 도달했다. 유명 인사(성취된 셀러브리티)는 무언가를 성취한 이후에 주목을 받는 반면, 관심 자체가 목적인 사람들은 실제로 이렇다 할 아무런 업적도 없지만 주목받기 위해 다양한 수단과 방법을 동원하기도 한다. 이는 명성 없는 셀러브리티이다. 명성은 종류와 상관없이 주목할 만한 업적으로 인해 알려지는 것이기 때문에 셀러브리티와 구분된다. 카다시안Kardashians 일가는 성취한 것은 많지 않으나 관심을 받고 싶어 안달이 난 사람들의 예로 가장 많이 거론된다. 하지만 이런 부류의 사람이 비단 이들만은 아니다.

최초로 대서양 횡단 비행에 성공한 후 유명인이 된 찰스 린드버그Charles Lindbergh처럼 명성을 얻은 후에 셀러브리티가 되는 경우가 더 보편적이다. 하지만 먼저 알려지고 난 이후에 오늘날까지 유명한 책과 희곡을 썼던 오스카 와일드 같은 셀러브리티도 있다. 그가 무명작가였어도 그의 희곡이 눈길을 끌었을까? 이는 어려운 질문이고, 답하기가 쉽지 않다. 그러나 주목받지 못했을 거라고 짐작하는 일은 쉽게 할 수 있다.

명성과 셀러브리티는 같은가, 다른가?

셀러브리티에 대한 저작물 중 일부는 셀러브리티와 명성을 엄격하게 구분한다. '셀러브리티는 유명한 사람들이다'라고 간단히 말할 수 있을 것 같지만, 자세히 들여다보면 절대 그렇게 간단한 문제가 아니다. 왜 그런지 생각해 보자.

많은 자료(예를 들어 럭허스트Luckhurst와 무디Moody, 2005)에서 인용되고 있는 로제크Rojek(2001)는 셀러브리티를 최초로 태생적 셀러브리티, 성취된 셀러브리티, 자기 귀속적 셀러브리티라는 세 가지 범주로 명확히 구분했다. 태생적 셀러브리티는 태생 때문에 얻어진 명성, 성취된 셀러브리티는 업적 때문에 얻어진 명성, 자기 귀속적 셀러브리티는 어떤 사람이 '유명세로 유명해진' 상황을 가리킨다(부어스틴 Boorstin, 1961, p. 57).

터너Turner(2004)도 셀러브리티를 여러 다른 형태의 명성과 구분하여 "우리는 공인이 셀러브리티가 되는 정확한 순간을 짚어 볼 수 있다. 그들의 활동에 대한 미디어의 관심이 공적인 역할을 보도하는 것에서 시시콜콜한 사생활을 캐는 것으로 옮겨 가는 순간 셀러브리티 반열에 들게 된다"(p. 8)고 말했다.

자일스Giles(2000)는 자신이 개발한 분류 체계를 이용해 명성을 네 가지 유형으로 설명했다. 공인(정치인 또는 공무원 등으로서의 역할), 공적에 근거한 명성(지속적으로 성취되는 업적을 통해 얻어진 명성), 연예계 스타(가수, 배우 등), 우연히 얻어진 명성(때와 장소가 맞아떨어졌거나 혹은 그와 관련하여 얻어진 명성 등)이다. 이어서 특정 영역의 명성(특정 집단 내)부터 지역 사회에서의 명성, 국가적 명성, 나아가 국제적 명성에 이르기까지 여러 단계의 명성을 예로 들었다. 그는 자신이 제시한 분류 모델을 뒷받침하기 위해 대학생 160명과 함께 연구를 진행했고, 그 결과 명성의 단계 및 범주에 따라 대부분의 셀러브리티를 쉽게 구분할 수 있었다.

드리센Driessens(2013)은 혼란스러운 용어 사용, 의미에 대한 학자들 사이의 의견 불일치, 셀러브리티를 주제로 집필한 학자들마다 셀러브리티에 대해 강조하는 의미가 각각 다르다는 사실을 지적했다. 예를 들어 다이어Dyer(2004)와 마셜Marshall(1997)은 상품으로서의 셀러브리티에 중점을 둔 반면, 콜드리Couldry(2003)는 미디어에 의한 창작물로서의 셀러브리티에 중점을 둔다. 많은 연구 저자들은 새로운 형태의 셀러브리티가 등장하는 것을 더 민주적이라고 봐야 할지 아니면 새로운 신분 계층이 만들어지는 것이라고 봐야 할지에 대해 의견을 달리한다.

셀러브리티에 대한 연구에서 사용하는 일부 어휘는 어려울 수 있다. 예를 들어 '셀러브리티제이션celebritization'과 '셀러브리피케이션celebrification'의 경우를 살펴보자(저작물 또는 사전에 따라 셀러브리티의 성격을 띠게 됨, 셀러브리티가 됨 등의 의미로 혼용되고 있다—옮긴이 주). 드리센(2013)은 이 두 단어가 셀러브리티에 대한 많은 저술물에서 혼동되어 사용되고 있으며(갬슨Gamson, 1994; 터너, 2004), 각 단어의 의미가 무엇인지, 서로 어떻게 다른지 이해하기 위해서는 설명이 필요하다고 지적했다. 드리센에 따르면 '셀러브리티제이션'은 어떤 연구 분야 또는 대의명분에 대중의 관심을 끌어오기 위해 유명한 인물을 이용할 때 발생한다. 지구 온난화를 걱정하는 환경 운동가들이 앨 고어, 레오나르도 디카프리오, 마크 러팔로와 같은 인물들의 셀러브리티를 이용했을 때 해당 분야는 셀러브리타이즈드(셀러브리티의 성격을 띠게)된 것이다(보이코프Boykoff와 굿맨Goodman, 2009). '셀러브리피케이션'은 평범한 개인이 셀러브리티가 되었을 때 발생한다. 이 두 용어를 보는 또 다른 방식은 셀러브리피케이션은 개인에게 발생하는 반면 셀러브리티제이션은 집단에게 발생한다는 사실에 중점을 두는 것이다.

셀러브리티와 명성에 관해 집필할 때 겪는 어려움 중 하나는 사실, 두 용어의 의미가 실제로 겹치는 부분이 많은데도 두 용어를 계속 구분해서 사용하는 것이다. 많은 연구 저자들은 두 용어를 혼용해서 쓰고 있다. 이 책에서는 성취된 셀러브리티로서의 명성을 태생적 셀러브리티나 자기 귀속적 셀러브리티와 대조하여 쓰도록 노력할 것이다. 명확하게 이해가 가지 않더라도 괜찮다. 다른 사람들도 항상 명확하게 이해하는 것은 아니다. 하지만 이해를 도울 수 있는 예를 제시하도록 하겠다.

명성 VS. 셀러브리티의 예

간단히 말해서, 셀러브리티 반열에 들기 위해서는 관객이나 대중이 필요하다. 서로 불가분의 개념이기 때문이다. '명성'과 '명망' 심지어 '성취된 셀러브리티'까지도 뛰어난 업적으로 잘 알려진 사람에 관해 이야기할 때 사용되는 단어들이다. 이와 달리 '셀러브리티'라는 단어에는 애초에 대중의 관심을 끌었던 행위와는 별도로 한 개인의 사생활과 행동에 대해 아는 것이라는 특별한 의미가 담겨 있다. 한 개인은 명성이 있으면서 동시에 셀러브리티일 수도 있고 둘 중 한 가지 경우에만 해당될 수도 있다. (어쩌면 둘 다 아닐 수도 있다.)

이러한 개념이 나에게 가장 명확하게 와닿았던 예는 트레버 패리자일스Trevor Parry-Giles(2008)가 미국 대통령 존 애덤스를 주제로 쓴 논문이었다. 패리자일스는 데이비드 맥컬로프David McCullough(2002)가 쓴 존 애덤스 대통령의 전기에서 "건국의 아버지 존 애덤스 대통령의 칭송할 만한 명성보다는 셀러브리티의 면모를 부각시켰다"(p. 83)고 주장하며 맥컬로프를 비난했다. 역사학자인 패리자일스의 주장에 따르면 존 애덤스라는 인물은 그의 업적, 그를 유명하게 만든 것들, 그의 대통령직, 독립 선언문 작성에서 그의 역할, 외교 활동, 정치 철학, 그 외에 미국 역사에 중요한 영향을 미친 다른 여러 업적에 입각해서 이해될 수 있다. 하지만 맥컬로프는 "현대 셀러브리티 정치의 가장 지배적 특징인 칭찬과 감탄 일색의 정서적 미사여구"(p. 88)를 동원해서 존 애덤스를 개인적 차원에서 두둔한다. 존 애덤스가 독립 선언문 초안을 작성하는 데 크게 기여했다고 말하면 그의 명망을 높이는 데 초점을 맞추는 것이다. 하지만 존 애덤스가 멋진 남자, 좋은 남편, 열정적인 국가 수호자, 다방면으로 훌륭한 사람이었다고 말하는 것은 그의 업적보다는 애덤스 개인에 초점을 맞추는 것이다. 이는 셀러브리티와 명성을 구분 짓는 요소로 볼 수 있다.

셀러브리티는 현대 사회의 특징인가, 역사 전반에 걸친 사회적 현상인가?

브로디Braudy(1997), 잉글리스Inglis(2010), 캐시모어Cashmore

(2014) 등에 의해 셀러브리티의 역사를 다룬 수많은 학술서가 집필되었다. 이들 도서의 전반적인 주제는 인간의 역사를 서로 다른 셀러브리티 시대에 따라 구분하는 방법에 관한 것이었다.

일부 저자는 셀러브리티를 20세기의 산물(시켈Schickel, 2000)이라고 생각하지만 대다수는 셀러브리티의 기원이 알렉산더 대왕(브로디, 1997)이나 시저 황제(갈런드Garland, 2010), 다시 말해 기원전 60년이나 그보다 훨씬 이전까지 거슬러 올라간다고 생각한다.

저자에 따라서는 오늘날 우리가 알고 있는 셀러브리티는 1660년 런던(럭허스트와 무디, 2005)과 그 이후 뉴욕 브로드웨이(개블러Gabler, 1995)에서 배우들이 스타로서의 입지를 굳히면서 등장했다고 주장하기도 한다. 사진 등의 시각 미디어가 부상하면서 '이미지'의 시대가 탄생했으며(부어스틴, 1961), 1902년 무성 영화의 출현으로 이미지 중심의 명성이 위세를 떨치게 되었다. 이 시기에 그레타 가르보Greta Garbo와 찰리 채플린Charlie Chaplin 등과 같은 스타의 인지도가 즉각적으로 상승했다.

20세기 셀러브리티

20세기 초에는 대중 라디오 방송과 이러한 방송에 스타들이 출연하는 것이 일반화되어 있었다. '토키talkies'(발성 영화)는 대형 영화배우의 시대를 열었고 MGM과 같은 대형 영화사들이 이러한 배우를 육성했다(가드너, 1990). 텔레비전을 통해 셀러브리티가 친근하게 우리의 거실 속으로 들어오고 우리가 그들을 '편하게' 느끼면서 텔레비전은 또 다른 독특한 시대를 열었다(호튼Horton과 월Wohl, 1956). "1945년 미국 내에 보급된 텔레비전 숫자는 1만 대를 넘지 못했지만 1950년에는 600만 대로 치솟았으며, 1960년에는 거의 6000만 대에 육박했다"(월드북 백과사전The World Book Encyclopedia. Chicago: World Book Inc., 2003: 119). 1980년대, 매스 미디어(mass media, 대중매체)에서 벗어나 전문화된 미디어 시장으로 변화하면서 훨씬 더 많은 셀러브리티가 존재하게 되었지만 개인 셀러브리티가 전체 시장을 사로잡기는 점점 더 어려워졌다.

셀러브리티 문화

> 거의 한 세기 전, 인류 역사에 새로운 사회적 신분 체계가 등장했다. 북미 해안에서 시작된 이 신분 체계는 세계적인 계층 구조로 성장하여 사회적 세계의 전 영역에 파고들었다. 수 세기 이전 귀족과 고위 계층이 그랬던 것처럼 20세기 후반까지 상류층 구성원들은 아첨과 존경, 막대한 상납을 기대했으며 법률적 특권을 요구했다. 하지만 새롭게 등장한 신분 체계는 달랐다. 자본주의와 매스 미디어의 산물인 이 신분 체계의 역학 관계는 현대의 사회 상황을 반영한다. 이 신분 체계는 셀러브리티라고 한다.
>
> 쿠르즈만Kurzman 외(2007, p. 347)

위 단락은 반드시 짚어 보아야 할 여러 문제를 다루고 있기 때문에 생략 없이 전문을 인용했다. 우선 학자들 사이에 의견이 갈리고 있는 '셀러브리티'가 언제 시작되었는지에 대한 문제를 잘 보여 준다. 셀러브리티의 정의를 충족하는 사람들은 최소한 알렉산더 대왕 시절부터 존재했다. 갈런드(2010)는 고대사에 나오는 예를 중심으로 셀러브리티에 대해 논했으며 "셀러브리티 문화 현상은 절대 우리 시대에만 국한된 특이한 현상이 아니다"(p. 484)라고 단호하게 주장했다. 갈런드는 자신의 주장을 뒷받침하기 위해 인류 역사 전반에 걸쳐 존재했던 셀러브리티가 어떤 심리적 요인들로 인해 탄생하게 되었는지 구체적 예를 들었다. 이러한 심리적 요인들 중에는 인정받고 싶은 욕구, 기억되고 싶은 욕구, 금전·성·권력에 대한 욕구, 그리고 많은 경우 셀러브리티 자신이 중요하다고 생각하는 대의명분을 널리 알리고자 하는 이타적 동기 등이 있다. 그는 이러한 모든 요인을 고대 로마 아우구스투스Augustus 황제의 경우에 적용했다.

그러나 '셀러브리티 사회'(반 크리켄, 2012), 구체적으로 말하자면 잘 알려져 있고 널리 회자되는 사람들로 구성된 상류 계층에 속하는지 여부에 따라 지위가 결정되고, 그러한 지위 체계를 특징으로 하는 문화는 20세기 초로 거슬러 올라간다. 분명히 1700년대와 1800년대에도 셀러브리티를 찾아볼 수 있었지만(브록Brock, 2006; 럭허스트와 무디, 2005) 사회적 지위를 규정하는 성격의 셀러브리티 문화가 군림한 것은 훨씬 최근에 전개된 일이다.

20세기에 새롭게 등장한 것은 셀러브리티의 개념이 아니라 셀러브리티가 주도하는 문화였다. 셀러브리티는 이미 오랫동안 존재했지만 문화적, 경제적 동력으로서의 셀러브리티에 대한 관심을 영구적으로 지속시킨 것은 특히 시각 미디어를 비롯한 매스 미디어였다. 매스 미디어는 영화, 텔레비전, 최종적으로 인터넷 보급과 함께 대부분 20세기에 시작되고 확산되었다.

이전에는 셀러브리티가 사진, 기념물, 인쇄된 글, 그 외에 '더 느린' 형태의 미디어에 의해 구체화되었다. 그 예로 에이브러햄 링컨은 널리 유포된 사진으로 인해 얼굴이 알려진 최초의 대통령이었다(브로디, 1997). 영화가 등장함에 따라 명성이 확립 및 전달되는 속도가 증가했으며 이는 20세기의 현상을 다른 시대와 구별 짓는 특징이 되었다.

매스 미디어의 시대는 산업화와 함께 시작되었다(토플러Toffler, 1980). 그렇기 때문에 산업화된 매스 미디어의 시작과 셀러브리티를 관련지어 이해할 수 있을 것이다. 인쇄기의 발명은 최소한 공식적으로 매스 미디어의 잠재적 가능성을 보여 주는 것이었으며 그 시기는 1440년 경이었다. 중요한 용어들의 어원을 추적했던 럭허스트와 무디(2005)

는 '명성fame'이라는 용어가 1290년에 이미 사용되었고 '유명한famous'이라는 단어는 셰익스피어 시대에 널리 사용되었다고 밝혔다. 셀러브레이트(celebrate, 기념하다, 널리 알리다, 기리다), 셀러브리티(celebrity, 유명인, 명성), 셀러브레이티드(celebrated, 유명한, 저명한)라는 용어는 모두 대략 1600년대에 처음 등장했다. 럭허스트와 무디는 논란과 추문의 결과로 알려진 것과 관련이 있는 '악명notoriety'이라는 용어를 이 세 용어와 구분했다.

드리센(2013)은 "이전 시대에는 셀러브리티의 유행이 별 관심을 끌지 못했다"(p. 644)고 지적했으며 셀러브리티가 20세기 현상이라는 시켈(2000)의 주장에 이의를 제기했다. 그래엄 터너(2004)의 주장에 따르면 다른 사람들은 근본적으로 현대의 셀러브리티가 매스 미디어로 인한 현상이라는 입장(로제크, 2001)을 취한 반면, 브로디는 "이전 시대의 명성과 연속선상에서 현대의 셀러브리티를 이해해야 한다는 입장을 고수한 소수파에 속했다"(p. 9). 럭허스트와 무디(2005)뿐 아니라 배리Barry(2008), 글레드힐Gledhill(1991), 스턴하이머(2015), 몰Mole(2009) 또한 브로디와 의견을 같이했다. 아마도 이러한 의견 차는 초기 역사에 흔히

볼 수 있었던 개인 셀러브리티들과 반 크리켄(2012)이 묘사한 셀러브리티 사회를 구분하지 못한 데서 비롯되었을 것이다.

셀러브리티와 산업 사회의 부상

앞에서 다룬 논점들은 모두 앨빈 토플러Alvin Toffler(1990)가 내놓은 권력의 이동에 관한 이론(2장에서 더 자세히 다룬다)과 연관이 있다. 토플러는 인간의 역사가 시작될 무렵의 권력은 물리적 힘에 의해서 결정되었다고 설명한다. 산업 사회로 접어들면서 권력 또한 물질적 부에 기반을 둔 사회로 이동했다. 제3의 물결, 즉 토플러가 대략 1970년대부터 1980년대라고 밝힌 사회 변화의 시기(토플러, 1980)에 권력이 물리적 힘에서 부富로, 다시 제3의 무대 즉 정보로 또 한차례 이동한다. '셀러브리티'는 '관심'이라는 한정된 자원이 어떻게 할당되는지에 따라 결정된다고 했던 것을 떠올려 보자. 이 두 이론은 결국 같은 이야기이다. 우리의 관심을 끄는 사람들에게 부여되는 지위와 정보에 기반을 둔 권력은 그

원천이 같기 때문이다.

개인 셀러브리티는 수 세기 동안 존재했지만 명성을 미화하는 사회 구조는 대부분 시각적 매스 미디어와 함께 생겨났다. 많은 유명인들이 책, 희곡, 신문, 다른 여러 형태의 활자로 된 글을 출간함으로써 유명인의 삶을 시작했지만, 얼굴까지 알려진 셀러브리티의 시대가 막을 연 것은 영화 때문이었다. 물론 사진이 영화의 전조이기는 했다. 그러나 친근하게 느껴지지만 친분이 없는 사람을 향한 인간적 차원의 공감을 불러일으킬 수 있는 능력은 움직임과 소리가 있는 이미지에 의해 배가되었다.

셀러브리티 사회에 대한 강력한 비판의 목소리도 있었다. 닐 포스트먼Neil Postman은 자신의 저서 『죽도록 즐기기Amusing Ourselves to Death: Discourse in the Age of Show Business』(2006)에서 아이디어가 아닌 이미지가 주도하는 사회의 위험에 대해 경고했다. 1978년 제리 맨더Jerry Mander 또한 자신의 저서 『텔레비전을 버려라Four Arguments for the Elimination of Television』에서 주의를 촉구하는 비슷한 주장을 했다. 내용이 아닌 형식에 근거해서 사람들을 숭배하고, 공직자를 뽑을 때 문제 해결에 대한 정확한 이해와 지식을 갖춘 사람보다 호감이 가는 이미지와 언변을 지닌 사람을 선택함으로써 사회는 자멸의 길을 걷고 있다고 이들은 주장한다.

귀족과 왕족이 없는 새로운 나라를 만들기 위해 영국의 계급 제도를 떠나온 미국은 200년이 지난 지금 미국 고유의, 새로운 형태의 귀족과 계급 제도를 재현하는 데 성공했다. 이러한 생각은 쿠르즈만(2007)과, 이제는 영웅적인 사람들이 유명한 사람이 되는 것이 아니라 단순히 잘 알려진 것 때문에 유명해지는 것이라고 경고한 다니엘 부어스틴 Daniel J. Boorstin(1961)의 글에서 중심이 되는 주제이기도 하다. 또한 셀러브리티는 주목할 만한 가치가 있는 실질적 업적이 아닌 입방아에 오르내리는 것 자체에 기반을 둔, 진정한 명성의 어두운 그림자라는 주장의 핵심이기도 하다.

그 밖의 역사적 관점

현재의 셀러브리티 체계가 어떻게 진화했는지 이해하기 위해 밀스Mills의 『파워 엘리트The Power Elite』(1981)를 추천한다. 밀스는 19세기 말부터 20세기 초까지 '상류 사회'(당시 '중요한' 사람들에 속한다고 인식되던 상류층 사람들로 이루어진 엘리트 집단)가 어떻게 셀러브리티 사회로 진화했는지에 대해 상당히 상세하게 기술했다. 그는 셀러브리티를 "더 이상의 신원 확인이 필요 없는 이름"(p. 72)이라고 정의했다. '상류 사회'는 엘리트 계층의 응접실과 가정에 존재했지만 셀러브리티 사회는 공공장소에 존재했으며 '카페 소사이어티café society'로 불리었다. '상류 사회'로 진입하는 데는 몇 세대의 시간이 걸렸지만 카페 소사이어티의 경계는 침투가 더 쉬웠으며 충분한 돈과 평판만 있으면 참여가 가능했다. '카페 소사이어티'는 1919년 모리 폴Maury Paul이 만들어 낸 용어로 공적으로 사교 모임을 하지만 서로의 집을 오가는 개인적 친구는 아닌 사람들을 가리킨다(반 크리켄, 2012). 지금 우리의 논의에서 이해해야 할 중요한 사항은 사적인 귀족 사회에서 공적인 셀러브리티 사회로의 전환은 수십 년에 걸쳐 이루어진 점진적 전환인 동시에 사회적 전환이었다는 사실이다. 점점 지배력을 높여 가는 매스 미디어와 당시 많은 사람들이 셀러브리티 반열에 올라서는 데 중요한 역할을 했던 극장 등의 기관이 이러한 사회적 전환을 촉진했다.

반 크리켄(2012)이 지적한 바와 같이 월터 윈첼Walter Winchell은 매스 미디어와 20세기식의 미디어를 활용한 선두 주자 중 하나였다. 그는 결국 전국적으로 배급망을 갖추게 된 신문의 가십 칼럼을 시작으로 20세기 초 다양한 형태의 미디어에서 두각을 나타냈다. 윈첼은 라디오로 활동 영역을 넓혔으며 영화에까지 출연하고 급기야 1930년대까지 셀러브리티 사회에서 가장 영향력 있는 사람 중 하나로 인정받았다. 그는 미디어 영향력을 발휘하기 위한 주요 수단으로 셀러브리티 가십을 이용했으며 셀러브리티들은 더 유명해지기 위해 윈첼의 칼럼에 자신을 끼워 넣으려고 혈안이 되었다. 윈첼의 칼럼을 통해 '타블로이드 언론tabloid journalism'이 어떻게 시작되었는지 알 수 있다(개블러, 1995).

그 후 1950년대에 텔레비전의 발명으로 셀러브리티 문화는 완전히 바뀌었다. 호튼과 월(1956)은 그들이 '준 사회적 상호 작용'이라고 지칭한, 즉 화답이 없고 멀리 있는 사람들에게 친밀감을 느끼는 상호 작용이 이루어지려면 유명인이 집 안이라는 사적 공간에 존재하는 것이 중요하다고 주장했다(스티버Stever, 2016b).

제임스 베넷James Bennett(2011)은 TV 유명인, TV 스타,

그 외에 다른 여러 형태의 스타와 셀러브리티의 차이점에 대해 깊이 있게 논했다. 그는 TV 유명인은 셀러브리티 문화에서 고유한 위치를 차지한다고 주장한다. TV 유명인이 유명세로 유명해진 사람들의 범주에 속한다고 보기 쉽지만, 베넷은 이런 종류의 일을 하기 위해서는 텔레비전에 적합한(경우에 따라서는 직업적) 기술이 필요하다고 주장했다. 이들은 다른 사람을 연기하는 것이 아니라 자기 자신의 모습으로 텔레비전에 사회자로 출연해 게임 프로그램과 토론 프로그램부터 요리 프로그램과 DIY 시연에 이르기까지 다양한 프로그램을 진행한다. 뉴스 프로 진행자도 이 범주에 속한다. 준 사회적 상호 작용에 대한 초기 연구는 이러한 종류의 셀러브리티에 집중되었다. 가장 특이한 점은 이들이 허구적 인물이 아닌 실제 자신으로 출연한다는 사실이다. 호튼과 월(1956)이 지적했듯이 이들은 이전의 셀러브리티와는 달리 텔레비전을 통해 집 안으로 친근하게 들어왔다.

미국에서 텔레비전은 4대 방송망(CBS, PBS, NBC, ABC)에서 시작해서 1980년대까지 다수의 유선 채널로 발전했다. 이러한 변화는 토플러가 제시한 제3의 변화의 물결이 시작된 것과 때를 같이한다(2장에서 상세히 다룬다). 1977년 코모도어Commodore 사의 컴퓨터가 최초로 선보인 이후 개인용 컴퓨터 또한 1980년대에 널리 보급되었지만 초기에는 인터넷을 지원하지 않는 디스크 구동 장치였다. 인터넷을 보다 폭넓게 이용할 수 있었던 것은 1995년 윈도 95가 나오면서부터다. 처음에는 인터넷 접속 가능 인구가 전 세계 인구의 단 0.4퍼센트(1600만 명)에 불과했지만 2017년에는 세계 인구의 거의 절반(40억 명 이상)이 인터넷 접속이 가능해졌다. (www.internetworldstats.com/emarketing.htm;https://smallbiztrends.com/2013/05/the-complete-history-of-socialmedia-infographic.html)

엘리스 캐시모어Ellis Cashmore(2014)는 마돈나의 성공 이후 1980년대부터는 셀러브리티로 성공하기 위해 더 이상 추문을 피하거나 긍정적인 이미지를 유지하려고 노력할 필요가 없어졌다고 주장했다. 마돈나가 논란거리로 주목을 받자 전혀 새로운 방식의 사고가 가능해졌다. 나는 1990년 '블론드 앰비션Blonde Ambition' 투어와 관련해 마돈나의 팬들을 인터뷰했다. 인터뷰의 주된 주제는 여성을 대상화하고 통제했던 사회 체제 속에서 주도적으로 자신만의 커리어를 쌓아 나갔던 마돈나는 존경받을 만한 사람이라는 사실이었다. 사실 이는 1980년대에 여성 운동이 급성장하면서 마돈나와 같은 인물이 성공할 수 있는 토대가 이미 마련되어 가능했던 것으로 볼 수 있다.

이후 셀러브리티의 역사에 영향을 미친 미디어의 큰 변화는 소셜 미디어의 인터넷 도입이다. 초창기 소셜 미디어의 형태로는 1997년에 개설된 '식스 디그리즈Six Degrees'가 있다. 이용자가 프로필을 생성해서 다른 이용자들과 연결되도록 해 주는 웹 사이트이다. 현재까지 인기 있는 소셜 미디어 형태인 블로그는 1999년에 처음 시작되었다. 링크드인LinkedIn과 마이스페이스MySpace는 2000년대 초에 시작되었으며, 이후 2005년에는 유튜브, 2007년에는 트위터와 페이스북, 그리고 텀블러Tumblr, 스포티파이Spotify, 포스퀘어foursquare, 핀터레스트Pinterest 등 전문화된 소셜 미디어 웹 사이트가 몇 년 간격을 두고 만들어졌다. 2017년까지 페이스북 사용자는 19억 명 이상인 반면 인스타그램(약 4억 명), 트위터(약 3억 2000명), 구글(약 3억 명) 등 다른 소셜 미디어 이용자 수는 그에 훨씬 못 미친다.

셀러브리티에 대한 다양한 학문 분야

셀러브리티에 관한 책들 대부분은 몇몇 눈에 띄게 이례적인 경우를 제외하면 심리학자가 아닌 사회학자, 문화 연구학자, 인문학자(영화를 포함한), 경제학자, 역사학자 등이 집필한 경우가 훨씬 많다.

온라인 사전인 Dictionary.com의 정의에 따르면 심리학은 '마음 또는 정신적 상태 및 과정에 관한 학문, 인간 및 동물 행동에 관한 학문'이다. 반면 명성과 셀러브리티를 자주 다루는 또 다른 분야인 사회학은 '인간 사회의 기원, 발달, 조직, 기능에 관한 학문 또는 연구, 사회관계와 사회 기구 등의 기본 법칙에 관한 학문'이라고 정의된다.

커뮤니케이션의 하위 학문이나 융합 학문 등으로 다양하게 정의되는 문화 연구 분야에서 셀러브리티를 다룬 책으로는 터너(2004, 2014)의 『셀러브리티Understanding Celebrity』가 있다. 사회학 분야에는 로제크의 『셀러브리티Celebrity』(2001)뿐 아니라 앞서 언급한 스턴하이머의 『셀러브리티 문화와 아메리칸 드림Celebrity Culture and the American Dream』(2015), 페리스Ferris와 해리스Harris의 『스타바라기:

셀러브리티, 명성, 사회적 상호 작용Stargazing: Celebrity, Fame and Social Interaction』(2011)이 있다. 인문학, 특히 영화학에서는 홈스Holmes와 레드몬드Redmond의 『프레이밍 셀러브리티: 셀러브리티 문화의 새로운 방향Framing Celebrity: New Directions in Celebrity Culture』(2006) 등이 있다. 셀러브리티를 다룬 가장 중요한 심리학 서적은 데이비드 자일스David Giles의 『불멸이라는 환상Illusions of Immortality』(2000)이다.

이 책은 마음, 정신 상태 및 과정, 개인이든 집단이든 인간의 행동에 관한 책이므로, 셀러브리티에 역점을 둘 것이다. 사회학에서는 셀러브리티가 사회에 미치는 중요한 영향에 관해 주로 다룬다. 경제학자들은 셀러브리티 문화가 경제에 어떤 식으로 영향을 미치는지를 논한다. 문화 연구학자들은 '스타' 시스템과 그 시스템이 시각 미디어에 미치는 영향에 초점을 맞춘다. 이러한 내용도 간단히 다루기는 하겠지만 이 책에서 우리는 심리학자로서 셀러브리티가 사람들에게, 즉 셀러브리티 자신과 청중 양쪽 모두에게 어떻게 영향을 미치는지 이해하고자 한다.

이제 2장에서는 셀러브리티 연구에 중요한 이론인 심리학을 포함한 사회 과학 이론에 대해 다룰 것이다.

02

심리학과 셀러브리티

이번 장에서는 셀러브리티에 관한 우리 논의의 기초가 되는 심리학 및 심리학 관련 사회 과학 분야의 주요 이론을 대략적으로 살펴본다. 각 이론은 셀러브리티 연구를 뒷받침하며 셀러브리티와 유명인에 매료되는 사회 및 개인에 대한 핵심적 측면에 대해 설명한다. 이번 장 끝부분에서는 이러한 이론 가운데 하나를 적용해 봄으로써 이론을 현실 상황에 어떻게 직접적으로 적용할 수 있는지를 보여 준다.

이론은 우리의 생각을 정리하고 연관된 개념들을 종합하는 데 중요한 역할을 한다. 책 뒷부분에 각 이론에 대한 추가자료를 실었다. 각 이론에 대한 구체적 참고문헌과 추가 정보를 확인할 수 있다.

알버트 반두라의 사회 학습 이론과 사회 인지 이론

20세기 중반 심리학자 알버트 반두라Albert Bandura는 1913년부터 1960년대까지 심리학의 지배적 패러다임이었던 행동주의 이론의 주요 원칙들에 대해 최초로 의문을 제기했다. 행동주의 이론의 핵심 전제는 '학습은 강화를 통해 이루어지며 강화가 없으면 학습이 이루어지지 않는다'는 것이다. 반두라는 다른 사람들이 보상과 처벌을 받는 것을 보면서 학습이 이루어질 수 있다는 사실을 깨닫고 유명한 실험을 진행했다. 아이들이 보보 인형(쓰러뜨리면 다시 일어서는 커다란 공기 주입식 인형)을 가지고 노는 어른을 관찰하는 실험이었다. 성인 모델이 보보 인형을 폭력적으로 가지고 노는 것을 본 아이들은 보보 인형을 가지고 놀면서 똑같이 폭력성을 보였다. 반면 폭력적이지 않은 성인 모델을 본 아이들은 다른 집단에 비해 특별히 더 폭력성을 보이지 않았다. 반두라는 이 현상을 대리 학습이라고 명명했다(www.youtube.com/watch?v=dmBqwWlJg8U).

2001년 반두라는 매스 미디어와 자신의 사회 인지 이론을 주제로 논문을 집필했다. 이 논문에서 그는 사회 인지 이론의 개념적 틀을 통해 어떻게 미디어의 영향으로 인간의 행동이 바뀌는지 이해할 수 있다고 주장했다. 행동주의 이론에서는 학습을 '자극-반응-강화'의 과정으로 설명한다. 이에 맞서 반두라가 제시한 상호 결정론에 따르면, 자극은 반응을 일으키지만 이 반응은 행위자에게 긍정적 결과도 부정적 결과도 일으키지 않는다(자세한 내용은 매클라우드McLeod, 2015 참조). 반두라의 모델에 따르면 모든 행동은 단 한 가지 자극이 아닌 다수의 자극에 영향을 받는다. 이러한 자극은 "인지적, 정서적, 생물학적 사건과 행동 패턴, 환경적 사건" 같은 개인적 요인들을 포함하며(p. 266), 각 요인은 양방향으로 서로 영향을 미친다. 예를 들어 누군가 다른 사람의 행동에 반응하면 그 행동이 두 사람 모두를 변화시키고, 이는 두 사람이 속한 환경도 바꿀 수 있다. 내 친구가 나에게 화를 내고, 그에 반응하여 내가 화를 내면 우리 둘은 서로의 행동에 각자 영향을 받고 그 결과 우리 환경에는 한층 더 팽팽한 긴장감이 생겨난다. '자극-반응-강화'라는 단순한 설명은 이러한 관계를 담아내지 못한다.

대리 학습과 상호 결정 이론은 미디어로 가득 찬 환경에서 매우 중요하다. 미디어를 통해 알려진 사람들이 시청자들의 역할 모델이 되고, 이로 인한 시청자들의 행동은 다시 미디어 유명인들의 행동을 결정한다. 유명한 운동선수가 특정 제품을 광고하면 선수의 팬들이 곧장 달려가 그 제품을 구입한다. 그러면 선수와 제품을 생산한 회사 모두에 하나의 메시지가 전달되어 향후 광고에서도 손을 잡게 된다. 이와 관련된 개념이 '브랜딩branding'이다. 광고 제품과 관련해 어떤 인물의 이미지를 차용함으로써 이 제품이 해당 광고 모델을 연상시키게 된다는 개념이다. 소셜 미디어를 다룬 6장에서 '브랜딩'의 개념에 대해 자세히 이야기할 것이다.

에릭 에릭슨과 생애 주기 발달 이론

에릭 에릭슨Erik Erikson은 발달이 성인기까지 지속되는 평생에 걸친 과정이라고 제안한 최초의 발달 심리학자이다.

기존의 발달 이론들은 유아기, 아동기, 청소년기에 초점을 맞추었으며 각 발달 단계별로 독특한 측면과 본질적 특성이 있다고 인식했다. 에릭슨은 각 단계는 위기와 관련이 있으며 각 단계의 위기를 극복하는 것이 발달 중인 개인의 과제라고 생각했다. 어린 시절의 발달 과제와 관련된 내용은 기존의 발달 이론을 기반으로 하지만 성인기에도 발달 단계와 과제가 있다는 생각은 에릭슨이 새롭게 제시한 개념으로 이후에 대니얼 레빈슨Daniel J. Levinson이 확장시켰다. 에릭슨의 이론이 셀러브리티와 팬을 연구하는 데 중요한 이유는 누군가의 열성 팬이 되고자 하는 동기는 자신이 속한 인생 주기의 과제와 관련이 있기 때문이다. 예를 들어 청소년기의 과제는 정체성 발달이다. 사람들은 바로 이 시기에 자신과 동일시할 만한 역할 모델을 셀러브리티 가운데서 찾으려고 할 가능성이 높다.

정체성 발달은 셀러브리티에 관한 다양한 논문과 서적에서 다루는 단골 주제이다. 에릭슨이 처음으로 동일시와 정체성 발달을 주제로 집필을 시작했던 1950년대에 그는 '나는 누구인가?'라는 질문에 인간이 답을 찾아가는 방식에 대해 이야기했다. 우리 모두가 청소년기를 거치면서 스스로에게 묻기 시작하는 질문이다. 우리의 개인적 영웅과 역할 모델은 대부분 가족인 경우가 많지만, 우리는 일반적으로 외모나 옷 입는 스타일에서는 부모를 닮고 싶어 하지 않으며 음악 취향도 다르다. 이러한 이유 때문에 셀러브리티가 특히 어린 세대에 강력한 영향력을 지닌다.

다양한 유형의 셀러브리티와 자신을 동일시하고 이들에게 열광하는 분위기에 힘입어 21세기 초 리얼리티 텔레비전 프로그램이 폭발적으로 증가하여, 2000년에는 네 개였던 것이 2015년에는 320개까지 늘어났다(야르Yahr, 무어Moore와 차우Chow, 2015). 에릭슨의 정체성 발달 이론이 예견했던 바와 같이 이러한 프로그램은 특히 청소년들 사이에서 인기를 끌었다. 연구 결과에 따르면 광고 분야에서 동일시가 이루어지면 셀러브리티를 내세운 광고의 효과가 훨씬 크다(배질Basil, 1996).

엘비스 프레슬리Elvis Presley의 팬과 엘비스를 따라 하는 사람들에 대한 연구(프레이저Fraser와 브라운Brown, 2002)에서 밝혀진 바에 따르면, 이들은 역할 모델로서 엘비스 프레슬리를 자신과 동일시하는 성향이 강하며 삶의 방식과 가치에서도 그에게 크게 영향을 받았다. 나의 연구 논문(스티버,

1994, 2009)에서 밝혔듯이 자신이 가장 좋아하는 셀러브리티가 본인들의 삶에서 그토록 중요한 부분을 차지하는 이유 중, 팬들이 꼽는 가장 중요한 요인은 동일시이다. 이 사실은 여러 연구 문헌을 통해서도 알 수 있다. 수컵Soukup(2006)은 팬들이 자신이 좋아하는 셀러브리티의 웹 사이트에 가입할 결심을 하게 되는 가장 큰 요인이 셀러브리티와의 동일시 때문임을 알았다. 대체로, 특히 청소년기까지 '나는 누구인가?'에 대한 답을 찾기 위해 노력하는 과정에서 자신이 가장 좋아하는 셀러브리티와의 동일시는 분명 가장 핵심적인 요인이 될 수 있다.

성인 초기의 발달 과제는 친밀감이다. 사람들은 자신이 누구인지에 대한 답을 찾은 후에는 이제 자신이 누구와 함께 있고 싶은지 깨닫기 시작한다. 여자아이들은 함께 있는 사람과 자신의 정체성을 연관시키려는 성향을 자주 보인다. 에릭슨은 이 때문에 여자아이들이 때때로 정체성을 찾기 이전에 우선 친밀감을 확보하려 하는 것이라 말했다. 나 역시 박사 학위 논문에서 이러한 현상에 대해 다루었다. 10대 여자아이들은 셀러브리티에 대해 팬으로서 관심이 생기는 1차 원인으로 강렬한 끌림을 꼽을 확률이 높았다.

그러나 남자아이들은 자신과 동일시하거나 자신의 역할 모델로 여기는 셀러브리티에 대해 이야기할 확률이 더 높았다. 흥미롭게도 20대에는 이들이 셀러브리티에 대해 중요시하는 부분이 바뀌어 남성들은 연애 대상으로서의 끌림을 꼽는 경우가 더 많고, 여성들은 자신이 좋아하는 셀러브리티가 자신의 역할 모델이라고 이야기하는 경우가 더 많았다. (이때 대상이 되는 셀러브리티의 성별은 무관했다.)

성인 중기의 발달 과제는 생산적 활동(이전 세대에게 받았던 보살핌을 다음 세대에게 갚는 것)이며 팬으로서의 관심은 자신이 좋아하는 셀러브리티와 함께하는 박애주의적 활동에 쏠리는 경우가 많다. 일부(퍼트넘Putnam, 2001)에서는 현재 성인 세대가 이전 세대에 비해 박애주의적 활동에 덜 적극적이라는 주장이 있지만 이는 지역 중심의 전통적 자선 활동에서 벗어났기 때문일 것이다. 지역 민간 단체에 참여하는 비율은 감소했지만 물리적 장소에 기반을 두지 않은 새로운 장소와 새로운 네트워크에서 생겨나는 활동이 이를 대체했다. 더 정확히 말하면 사람들은 다양한 종류의 미디어와 관련된 네트워크를 통해 한데 모인다. 중년의 성인에게 이러한 새로운 미디어를 통한 생산적 활동의 기회는 중요한 의미를 지니는 현상이며 많은 경우 셀러브리티 역할 모델이 이러한 자선 활동의 동기 부여가 된다.

내가 진행했던 팬에 관한 연구에서 현장 조사 결과를 보면 인적 네트워크를 형성했던 모든 팬 그룹은 그룹 활동의 일환으로 상당한 자선 활동을 했다. '스타 트렉: 딥 스페이스 나인'의 팬클럽은 출연 배우들과 연계해서 배우들의 자선 활동을 위해 1994년부터 2003년까지 35만 달러(약 4억여 원)를 모금했다. 조시 그로반Josh Groban 재단 소속으로 자선 활동을 하는 팬 조직인 그로바니티즈 포 채리티Grobanites for Charity가 2003년부터 2010년까지 재단을 위해 모금한 액수는 100만 달러(약 11억여 원)를 훨씬 초과했다. 조직화된 팬덤에서 자선 활동은 예외적이지 않은 일반적 활동이 되었다.

애착 이론

존 볼비John Bowlby와 메리 에인스워스Mary Ainsworth가 1960년대부터 개발하기 시작한 애착 이론에 따르면 유아는 안전과 안정감을 느끼기 위해 양육자와 가까이 있으려고 한다. 각 유아는 선천적으로 행동 목록을 가지고 있다. 양육자와 유아의 관계 형성이 잘 이루어지면 안정적인 유대감이 생긴다. 애착 시스템은 양육자를 가까이에 두려는 근접성 추구와 탐색 행동 사이의 섬세한 균형으로, 아기의 안전을 지키면서도 성장과 새로운 발견을 도모할 수 있다.

필립 셰이버Phillip Shaver와 신디 하잔Cindy Hazan(1994)은 자신들의 연구를 통해 안전과 안정감을 느끼기 위한 근접성 추구는 성인의 연애 관계에서도 존재한다는 사실을 발견했다. 다른 점은 성인들은 보살피는 역할을 서로 번갈아 하며 이 경우 안정감은 두 명 모두에게서 상호적으로 나타난다는 것이다. 유아기와 성인기 모두에서 근접성 추구와 탐색 행동을 함께 촉진하는 균형 잡힌 관계는 안정적 애착 관계의 특징이다.

나는 연구를 통해 좋아하는 셀러브리티의 존재와 그 셀러브리티의 작품이 팬들에게 안정감을 주고 삶의 피난처가 된다는 사실을 알았다(스티버, 2011c, 2013). '준 사회적'이라는 말은 일방적인 관계를 의미한다는 것을 기억하라(1장 참조). 따라서 준 사회적 관계는 우리를 모르고 알 수도 없는 사람들을 미디어를 통해서 알게 되는 경우에 형성된다. 팬과 셀러브리티의 관계가 주는 안도감인 준 사회적 애착 개념은 미디어 유명인은 응답하지 않는, 일방적 애착 관계의 예이다.

어빙 고프먼과 연극학적 관점

> 세상 모두가 하나의 무대,
> 모든 남자와 여자는 한낱 배우.
> 저마다 무대에 등장했다 퇴장해 버리지.
> 사는 동안 한 사람의 역할은 많기도 하네.
>
> 윌리엄 셰익스피어, 『뜻대로 하세요As You Like It』, 2막 7장

> 사람person이라는 단어가 처음에는 가면mask을 의미했다는 것은 단순히 역사적 우연이 아니다. 모든 사람이 언제든, 어디서든 어느 정도 의식적으로 어떤 역할을 연기한다는 사실을 인식한 데 따른 것이다. 우리는 이 역할 내에서 서로를 알고 이 역할 내에서 우리 자신을 안다.
>
> 로버트 팍Robert Ezra Park, 『인종과 문화Race and Culture』(1950, p. 249)

어빙 고프먼Erving Goffman은 1959년에 발간한 자신의 저서에서 행동의 목적은 타인의 행동을 최대한 통제하는 것이라고 주장했다. 대인 지각에 대한 드라마트루기적dramaturgical 즉, 연극학적 접근 방식이라고 불리는 그의 이론에 따르면 인간의 모든 행동은 위에 나온 셰익스피어의 주장과 같이 '연기'이며 우리는 모두 인생이라는 무대 위에서 연기를 하는 배우이다.

고프먼의 이론을 적용해 보면 명성을 얻고 셀러브리티 반열에 오름으로써 자신이 행동을 통제할 수 있는 사람들의 범위를 넓힌다는 생각이 이해가 된다. 그 행동이 돈을 쓰는 것과 관련이 있으면 셀러브리티는 다른 사람들이 자신에게 이익을 가져다줄 제품에 돈을 쓰도록 영향력을 행사해서 자신의 물질적 부를 쌓을 수 있다. 셀러브리티가 되면 다른 사람들이 책, 음악, 영화표, 그 외에 자신에 이익을 가져다줄 많은 것들을 사도록 영향을 미칠 수 있는 잠재력을 갖게 된다. 바로 이러한 의미에서 셀러브리티가 자본주의를 견인한다고 말하는 것이며 이 때문에 '부와 명성'이라는 관용구가 직관적으로 그럴듯한 한 쌍의 용어로 인식되는 것이다.

우리는 다른 사람들에게 주는 인상을 통제하기 위해 열심히 노력한다. 셀러브리티뿐만 아니라 우리 모두가 마찬가지라는 사실을 인식하는 것이 중요하다. 유명인이 자신의 가장 좋은 모습만 보여 주는 것을 두고 부도덕하다고 비난하는 일은 그런 노력을 하지 않는 게 오히려 지극히 비정상이라는 사실을 간과한 것이다. 우리는 인생에서 저마다의 역할을 연기하며 다른 사람들이 이러한 역할을 진정성 있고 진실된 것으로 받아들여 주기를 원한다. 따라서 셀러브리티의 '연기'는 모든 곳의 모든 사람들의 일상적인 연기와 크게 다르지 않다.

고프먼이 제시한 또 다른 개념은 개인의 실제 모습은 모두 진실성과 냉소주의의 연속선상에 존재한다는 것이다. 자신을 표현할 때 우리는 그 모습이 진실하다고 믿거나(진실성) 연기를 하고 있다는 것을 안다(냉소주의). 우리는 대부분 이 연속선의 중간쯤에 위치하며 대체로 자신의 진실한 모습을 보이려 하지만 때로는 포커페이스로 위장한다는 사실을 알고 있다. 나는 이런 모습을 어머니에게서 보았다. 어머니는 돌아가시기 전 건강이 많이 나빠졌을 때도 모든 상황이 좋은 것처럼 행동했고, 심지어 그것이 사실이라고 스스로에게 확신시킬 때도 있었다.

그러므로 셀러브리티가 자신의 진정한 모습을 보여 주지 않는다고 주장할 때는 이러한 사실을 염두에 둘 필요가 있다. 셀러브리티도 우리와 똑같이 행동하지만 관객의 범위가 더 넓은 것뿐이라는 것을 알아 두어야 한다. 현재 특히 소셜 미디어를 주제로 한 연구 문헌에서 '무대 뒤'와 '연기'에 대한 이야기를 많이들 한다. 셀러브리티와 이들이 우리 문화에서 어떤 위치를 차지하는지를 이해하기 위해서는 고프먼의 이론을 제대로 파악하는 것이 매우 중요하다.

헨리 타즈펠과 사회 정체성 이론

폴란드 출신의 사회 심리학자 헨리 타즈펠Henri Tajfel(1970)은 편견과 정형화의 근원을 다룬 '사회 정체성 이론'을 개발했다. 이 이론은 사람들이 왜 자신을 다양한 내內집단의 일원으로 인식하고 그 결과 그에 상응하는 외外집단을 만들어 내는지에 대해 설명했다. 그는 연구를 통해 외집단의 동질성에 대한 개념을 확립했다. 사람들은 자신이 속하지 않은 집단의 구성원을 '다 똑같다'고 인식하는 반면 자신이 속한 집단은 다채롭고 다양하다고 여긴다. 이러한 개념을 적용해 보면 여성인 나는 여성 구성원 하나하나가 고유한 특성을 지니고 있으며 여성이라는 공통점을 지닌 다채로운 집단이라고 생각하는 반면 '남성들은 다 똑같다'고 생각할 것이다.

외집단에 동질성을 부여하는 이러한 성향 때문에 학자들이 셀러브리티를 다양한 핵심적 측면에 있어 '다 똑같다'고 여기는 경향을 보인다. 또한 타즈펠은 외집단과의 개인적 상호 교류가 고정 관념을 타파하는 데 핵심적 역할을 한다고 보았는데, 셀러브리티 연구와 관련해서는 큰 문제가 있다. 많은 학자들이 셀러브리티와의 개인적 상호 교류를 너무 어렵게 여기거나 어려움을 감수하고 시도할 만큼 가치가 있는 것도 아니라고 생각하기 때문이다. 이 때문에 학계에서는 셀러브리티 각 개인의 독특함을 알아볼 수 있는 기회를 놓친다. 또 셀러브리티 중 일부가 특별한 재능이나 존경할 만한 자질 없이 그 반열에 올랐다 하더라도 전체가 그런 것은 아니며, 심지어 그런 경우가 많지도 않다는 사실을 이해하지 못한다. 뿐만 아니라 실제로는 분명히 사실이 아님에도 불구하고 모든 셀러브리티가 '명성을 추구한다'고 생각하는 경향이 있다. 사실 많은 셀러브리티는 명성을 피하고 싶어 하며 대중의 관심에서 벗어나려고 한다. 대표적인 예로 크리스천 베일Christian Bale을 들 수 있으며 다른 많은 셀러브리티들도 마찬가지이다.

반 크리켄(2012)은 셀러브리티가 모두 똑같은 것이 아니라, 셀러브리티 사회가 전체적으로 우리의 행동에 영향을 미치는 방식이나 우리가 셀러브리티를 이해하는 방식이 획일적인 것이라며 둘의 차이를 분명히 했다. 이러한 요인들 때문에 셀러브리티가 '다 똑같다'고 생각하기 쉬워지는 것이다. 복잡한 셀러브리티 사회에서는 셀러브리티 개인의 개성이 드러나지 않는다.

셀러브리티의 지위에 대한 사회학적 연구 논문(쿠르즈만 외, 2007)에서 연구자들은 "사회학자들, 심지어 셀러브리티를 연구하는 사회학자들조차 셀러브리티의 존재에 영향을 받지 않을 수 없다"(p. 355), "다른 사람들처럼 학자들도 스타에게 깊이 빠져들 수 있다"(p. 362)고 주장했다. 한동안 나는 이 같은 생각이 셀러브리티와 팬덤에 대한 연구 및 이해에 나쁜 영향을 미친다고 생각했다. 드리센(2015)은 셀러브리티 인터뷰의 어려움을 주제로 한 논문에서 이와 비슷한 의견을 제시했다.

지난 수년간 다양한 셀러브리티와 친구나 지인이 되어 직접적인 친분을 쌓으면서 나는 이들 대부분이 명성에 목말라하고, 물질주의적이고, 끊임없이 자기를 홍보하기에 바쁘다는, 셀러브리티의 정형화된 이미지와는 맞지 않는 것을 알게 되었다.

앨빈 토플러와 『제3의 물결』

미디어의 역사와 1980년대에 매스 미디어의 세계에서 어떻게 비非 매스 미디어의 세계로 넘어오기 시작했는지 설명하기 위해서는 앨빈 토플러(1980)의 연구를 살펴보는 것이 중요하다. 토플러는 『제3의 물결The Third Wave』에서 인간 역사 전체에 나타나는 세 가지 변화의 물결에 대해 이야기했다. 첫 번째 물결은 수렵 및 채집 사회에서 농경 사회로 변화한 것이다. 사람들은 한곳에 머물며 자신의 먹거리를 재배하게 되었다. 이 두 사회에는 미디어가 존재하지 않았다. 두 번째 물결은 농경 사회에서 산업 사회로의 변화이다. 사람들이 농장을 벗어나 도시로 이주하고 제품을 생산하기 시작했다. 이 시기에 음식 생산이 보다 전문화된 산업이 되었다. 두 번째 물결의 시대에 매스 미디어가 탄생하여 크게 성장했다.

바로 이 매스 미디어의 시대에 직접 대면으로 이루어지는 상호 교류 외에 미디어를 통해 알려지는 것이 가능해졌다. 초기 미디어의 형태는 책이었으며 언어가 매우 강력한 힘을 갖게 되어 '펜이 칼보다 강하다'라는 말이 나오기까지 했다. 19세기의 유명인 중에는 마크 트웨인, 에밀리 디킨슨, 에이브러햄 링컨, 프레더릭 더글러스, 찰스 다윈과 같이 작가나 작가 겸 정치인이 많았다.

토플러는 세 번째 변화의 물결이 1980년대에 시작되었고 이와 함께 우리가 미디어에 영향을 받는 방식에도 미묘한 변화가 생겼다고 주장했다. 미디어의 탈대중화는 미디어의 새 시대를 열었고 가까운 미래를 관심 있게 지켜보던 토플러는 강력한 영향력을 갖게 될 미디어가 포화 상태에 이르리라는 것을 상당히 정확하게 예측했다. 매스 미디어가 사회를 획일화했던 것과는 달리 다양한 형태와 채널, 판로는 하나의 거대한 미디어 시장을 수없이 많은 틈새시장으로 쪼개 놓았다.

권력 이동, 권력으로서의 정보

토플러(1990)는 권력이 물리적 힘이나 부에 기반을 두었던 사회를 벗어나 정보가 권력의 원천이 되는 사회로 변하면서 권력 이동이 이루어지고 있다고 주장했다. 뿐만 아니라 위에서 이미 언급했듯이 매스 미디어가 장악했던 사회에서 비非 매스 미디어 사회로의 이동이 시작되었다고 생각했다. 이에 따라 미디어와 관련한 많은 변화가 있었다. 서너 개의 중앙 채널로 시작했던 텔레비전이 수십 개, 심지어 수백 개의 채널 선택이 가능한 케이블 TV로 바뀌었다. 매스 미디어의 시대에는 모든 사람들이 같은 텔레비전 프로그램을 시청했다. 그러나 미디어의 탈대중화로 인해 채널 선택 폭이 매우 넓어지고, 두 사람이 동시에 같은 프로그램을 시청했을 확률은 훨씬 낮아졌다.

이 같은 현상은 잡지와 관련해서도 마찬가지여서 20세

기 초·중반에는 선택할 수 있는 잡지의 수가 아주 적었다. 거의 모든 가정에서 『라이프Life』, 『룩Look』, 『새터데이 이브닝 포스트The Saturday Evening Post』와 같이 대단히 영향력 있는 소수의 잡지를 읽었다. 1970년대까지 미국의 가장 인기 있는 잡지들은 독자 수 감소로 판매 부수가 급격히 감소한 반면, 상대적으로 독자 수가 적은 특수 관심 분야의 출판물 시장이 그 자리를 대신했다. 토플러가 말했던 미디어 탈대중화의 예가 바로 텔레비전과 잡지이다. 미디어의 탈대중화가 실제로 완결된 것은 인터넷과 디지털 형식의 다른 여러 미디어가 나타나면서부터였다. 미디어 선택지는 수십 개에서 수백, 수천 개로 확대되었다.

토플러는 사람들이 태어나면서부터 축적된 이미지를 저장하기 위해 자신의 의식 속에 창고를 만든다고 주장했다. 미디어가 없던 첫 번째 물결의 시대에는 아이들이 자신을 둘러싼 지역 사회의 실제 이미지를 받아들임으로써 주변 세상에 대한 지식을 쌓았다. 두 번째 물결의 시대에는 미디어가 등장하면서 아이들에게 쏟아지는 이미지와 정보의 원천이 폭발적으로 증가했다. 그 과정에서 많은 이미지가 곳곳에 스며들어 대중의 정신 세계의 일부가 되고 거의 모든 사람들의 마음속에 자리 잡게 되었다. 세계 대전 당시 신병 모집을 위해 사용되었던 '엉클 샘Uncle Sam' 포스터와 이미지가 한 가지 예가 될 수 있을 것이다. 두 번째 변화의 물결과 산업화 시대에 이루어졌던 이미지 및 정보의 표준화는 18~20세기의 대량 생산과 공장 모델의 목적에 잘 맞아떨어졌다.

토플러 이론의 적용

매스 미디어의 탈대중화가 이루어지는 세 번째 물결에서는 선택의 폭이 훨씬 넓어져, 1950년부터 1980년대까지의 특징이라고 할 만한 누구나 이름을 아는 슈퍼스타가 되는 일이 훨씬 더 힘들어졌다. 비틀스가 1964년 2월 4일 '에드 설리번 쇼Ed Sullivan Show'에 출연했을 때 약 7300만 명의 미국인이 비틀스의 공연을 시청했던 것으로 추산된다. '에드 설리번 쇼'는 일요일 저녁에 시청할 수 있는 몇 안 되는 텔레비전 오락 프로그램이었기 때문에 이 프로그램 출연과 함께 비틀스의 인기가 치솟았다. 마찬가지로 텔레비전이 있고 이런 종류의 오락 프로그램을 시청했던 대부분의 가정에서는 1969년 12월 14일과 1970년 5월 10일에 또 한 차례 '에드 설리번 쇼'에서 잭슨 파이브를 보았다. 선택할 수 있는 텔레비전 프로그램이 극히 적었기 때문이다.

하지만 미디어가 세분화하며 셀러브리티에 관심을 갖는 목적도 더 전문화되었다. 이에 대해 잭슨 파이브의 리드 싱어 마이클 잭슨의 팬덤에 관한 논문에서 다룬 적이 있다. 나는 1988년부터 1992년까지 이 팬클럽을 가까이에서 관찰했다. 후속 연구에서는 2005년부터 현재까지 조시 그로반의 팬들을 지켜보고 있다(스티버, 2011a).

잭슨과 그로반, 제3의 물결 전과 후

마이클 잭슨이 약 10세에 처음 대형 음반사 모타운Motown과 계약을 맺은 반면 조시 그로반은 그보다 약간 높은 연령대인 17세에 발굴되었다. 하지만 둘 다 아주 어린 나이에 일반 대중과는 다른 행보를 보이기 시작했다. 그로반은 16세에 재학 중이던 고등학교에서 제작한 '지붕 위의 바이 올린Fiddler on the Roof'의 주연을 맡았다. 이 공연은 매우 인상적이어서, 그로반이 텔레비전으로 방송되는 토니상에 시상자로 처음 나왔을 때 제작진은 그가 고등학교 공연에서 '내가 만약 부자라면If I Were a Rich Man'을 불렀던 장면을 보여 주기도 했다. 두 예술가는 모두 어린 나이부터 남다른 재능을 인정받은 영재였다.

그러나 두 인물의 행적은 이후부터는 서로 차이를 보인다. 마이클 잭슨이 1970년대와 80년대에 누렸던 미디어 노출 방식은, 그로반이 워너 브라더스Warner Brothers와 계약을 하고 본격적으로 일을 시작한 2000년에는 불가능한 것이었기 때문이다. 조시 그로반이 '에드 설리번'과 같은 쇼에 출연해서 자신의 시대에 텔레비전 시청자 대부분을 상대로 노래를 부를 수 있었다면 어쩌면 더 큰 스타가 될 수도 있었을 것이다. 하지만 작은 시장들을 전전해야 했던 그로반은 처음에는 '앨리 맥빌Ally McBeal'에 출연했다. 그다음에는 미국 프로 야구 월드 시리즈에서 국가를 부르고, 그 후 드디어 텔레비전 프로그램 '20/20'에 출연했다. 이 프로그램에서 그의 경력이 소개되고 이를 계기로 데뷔 앨범이 빌보드 핫 100 차트 112위에서 12위로 껑충 뛰어올랐다.

그의 재능이 달라진 것도 아니고 그의 목소리도 그대로였다. 하지만 더 많은 사람들이 그 프로그램을 통해 그로반을 보았고 그의 앨범 판매량은 크게 증가했다. 그럼에도 '20/20'의 시청자 수는 1970년대 '에드 설리번 쇼'의 시청자 수 근처에도 미치지 못한다. 그로반은 자신의 경력을 쌓기 위해 주로 웹 사이트와 인터넷을 이용했다. 뿐만 아니라 트위터에 가입해서 팔로워 수를 늘려 나가기 시작하면서 그의 명성은 한 단계 높아졌다. '지미 키멜 라이브Jimmy Kimmel Live!' 같은 토크 쇼와 다른 심야 텔레비전 프로그램 출연을 통해서도 그의 인기가 점점 높아졌다.

반면 마이클 잭슨은 1972년과 1973년에 '에드 설리번 쇼'에 출연했고 그 후 1981년에는 큰 인기를 모았던 그의 초기 뮤직비디오 중 한 편이 MTV에서 방영되었다. '비트 잇Beat It', '빌리 진Billie Jean', '스릴러Thriller'가 모두 히트 곡 순위 차트의 1위를 차지할 수 있었던 주된 이유는 각각의 노래와 함께 제작했던 뮤직비디오가 인기를 끌었기 때문이다. 1983년 모타운의 창립 25주년을 기념하여 제작된 텔레비전 특별 프로그램 '모타운 25Motown 25'가 한 주요 방송사에서 방영되었다. 시청률 조사 기업인 닐슨Nielsen은 미국의 텔레비전 보유 숫자의 35%에 해당하는 4700만 명이 이 프로그램을 시청한 것으로 추산했다. 이 프로그램에서 마이클 잭슨은 '문워크Moonwalk'를 선보였고 미국인들은 열광했다. 재미있는 것은 문워크는 마이클 잭슨이 개발한 것이 아니라 거리에서 아이들이 몇 년째 해 왔던 동작이라는 사실이다. 마이클 잭슨은 문워크를 더 많은 관객 앞으로 가져온 것뿐이지만 대부분의 미국인이 이전에 전혀 본 적 없던 이 동작에 사로잡혔다. 이 단 한번의 출연은 훗날 마이클 잭슨이 더 큰 스타로 발돋움하게 되는 주요 요인으로 손꼽힌다. 결국 5000만 장 이상 판매된 앨범 '스릴러'는 역대 최다 판매라는 기록을 세웠다.

조시 그로반이 좀 더 많은 관객을 접할 수 있었다면 그의 독특한 목소리와 재능이 그를 더 큰 스타로 만들어 줄 수 있었을까? 짐작만 할 수 있겠지만 이전 시대에 조시 그로반과 비슷한 목소리를 지녔던 엘비스 프레슬리, 프랭크 시나트라Frank Sinatra, 혹은 그보다 더 앞선 세대의 발라드 가수인 로버트 골렛Robert Goulet, 마리오 란차Mario Lanza의 경우를 보면 그럴 법도 하다. 조시 그로반이 워너 브라더스와 계약했을 당시 그를 알고 있던 사람들은 그가 앨범을 몇 장 내고 다시 대학으로 돌아가 뮤지컬 음악 전공을 이어 나갈 것이라고 생각했다. 그가 가진 재능의 상품성이 확실해지자, (그리고 안드레아 보첼리Andrea Bocelli 같은 예술가의 비슷한 성공 사례 때문에) 정통 성악 훈련을 받고 진지한 음성을 가진 가수들이 최종적으로 '아메리칸 아이돌American Idol'과 다른 여러 '재능 경연' 프로그램에 대거 도전했다. 그 결과 제2, 제3의 그로반이 수없이 배출되었기 때문에 그를 몰랐던 사람들은 그로반도 '아메리칸 아이돌'을 통해 데뷔했다고 생각했다. 이런 오해는 내가 팬에 대한 연구를 시작했던 초기(2005년부터)에는 자주 접했던 것이었다.

조시 그로반의 경우와 마찬가지로 현재 인기 스타인 레이디 가가Lady Gaga, 케이티 페리Katy Perry, 저스틴 비버Justin Bieber 등도 앨범에서 큰 성공을 거둔 대형 스타이기는 해도 마이클 잭슨, 엘비스 프레슬리, 비틀스만큼 인지도가 높지는 않다. 상품으로의 셀러브리티가 증가함에 따라 선택의 폭이 넓어졌고 이들 사이의 경쟁도 더 치열해졌다. 선택의 폭이 넓어진 만큼 관객이 모든 셀러브리티에 관심을 갖기에는 한계가 있다.

매스 미디어 즉, 대중매체의 탈대중화에 대한 이러한 논의는 토플러의 이론에 대한 논의와 함께 시작했지만 2장에서 언급된 다른 이론들은 모두 오늘날 이용할 수 있는 미디어 형식의 변화에서 비롯되었다. 매력은 동일시를 바탕으로 느껴지는 감정이기 때문에 스타에 관한 정보를 더 쉽게 접할 수 있게 됨에 따라 준 사회적 애착이 더 쉽게 형성된다. 서로 화답하는 상호 교류가 증가함에 따라 반두라가 설명한 상호 결정론이 작동할 수 있는 기회가 증가했다. 셀러브리티를 어떻게 설명하는지에 대한 이해를 높여 줄 수 있는 많은 이론에 대한 추가자료가 책의 뒷부분에 실려 있다.

03
셀러브리티 VS. 명성

셀러브리티에 대한 학문적 연구의 문제들 중 하나는 여러 용어의 의미에 대한 합의가 부족하다는 점이다. 명성이란 정확히 무엇인가, 셀러브리티란 무엇인가, 이 두 용어는 같은가, 다른가? 일부 학자들은 명성과 셀러브리티를 명확히 구분하지만 다른 학자들은 이 두 용어를 완전히 동일한 개념으로 사용한다(예를 들어 반 드 리츠 외, 2013). 일부 학자들이 셀러브리티를 '많이 회자되는 상태'(럭허스트와 무디, 2005, p. 1)라고 정의하는 반면 브로디(1997)는 "근본적인 의미에서 명성은 회자되는 것을 의미한다"(p. 608)고 말했다. 셀러브리티에 관한 연구 문헌들에 그러한 혼란이 나타나는 것은 당연한 일이다.

이 논의에서는 셀러브리티와 명성을 서로 별개의 개념으로 구분한 트레버 패리자일스Trevor Parry-Giles(2008)의 제안을 따를 것이다. 그는 명성이란 뭔가 대단한 성취로 인해 잘 알려진 것이고, 셀러브리티란 누군가의 개성에 대한 홍보를 기반으로 잘 알려진 것이라고 두 개념을 구분했다(캐시모어, 2014 참조). 그러므로 로제크가 정의한 범주(1장 참조)에 따르면 명성은 '성취된 셀러브리티' 또는 중요한 업적으로 인해 알려진 것이다. 많은 연구 문헌에서 다루고 있는 '셀러브리티'와 더 관련이 있는 것은 태생적(타고난 명성) 셀러브리티와 자기 귀속적(유명세로 유명해진) 셀러브리티이다. 다시 말하지만 이 구분법이 모든 저작물에서 동일하게 적용되는 것은 아니지만 우리의 논의를 위해서는 유용한 방법이다.

우리가 어떤 업적들을 명성과 관련지어 생각하고 인정하는지(그리고 때때로 그러한 인정을 받는 '성취된 셀러브리티'의 지위)는 역사상 특정 시기, 특정 사회에 존재하는 특별한 사회적, 경제적, 정치적 구조를 반영한다. 예를 들어 베이브 루스Babe Ruth는 야구 선수로서 자신의 뛰어난 업적을 기반으로 유명해졌다. (그리고 위대한 셀러브리티가 되었다.) 하지만 시기적으로 베이브 루스가 스포츠 영웅이 되었던 1920년대와 1930년대처럼 미국에서 스포츠가 상당히 전문화되고 상업적으로 큰 인기를 모았을 때에 이러한 업적이 비로소 인정을 받을 수 있었다. 그가 더 이른 시기인 19세기 중반에 야구가 주로 지역 기반의, 아마추어나 반半 직업적 활동이었을 당시에 야구를 했다면 그의 재능은 대단한 호평을 받지는 못했을 것이다.

역사를 되돌아보면 특히 매스 미디어가 나타나기 이전의 유명인들은 뭔가 탁월한 업적을 쌓은 사람들이었다. 하지만 부어스틴(1961)의 지적처럼 미디어의 등장으로 인해 주목받고 싶어 하는 사람들에게 이목을 집중시킬 목적으로 '연출된 사건'을 만들어 내는 경향이 생겨났다. 반 크리켄(2012)이 제안한 바와 같이 우리의 관심이 한정된 자원이라면 이를 어디에 투자할지 선택해야 한다. 오직 관심을 받기 위해 연출된 사건을 만들어 내는 사람들은 셀러브리티가 목적인 사람들이다. 명성을 원하는 사람은 가치 있는 일을 하기 위해 노력하고 그 일로 인정받고 싶어 한다. 실제로 셀러브리티만을 원하는 사람은 관심만 끌 수 있으면 어떤 행동도 상관없다. 명성과 셀러브리티 그 어느 것도 추구하지 않는 사람들도 있다. 이들은 관심을 끌 의도는 없지만 자신이 성취한 것에 대한 결과로 주목을 받는다. 예를 들어 조너스 소크Jonas Salk는 진심으로 바라는 것은 소아마비 예방밖에 없고 개인적 이익은 전혀 생각치 않으며, 오직 그 목표만을 위해 전념한 경우일 것이다. 실제로 그는 평생 자신에게 개인적으로 쏠리는 모든 관심을 차단했던 것으로 알려졌지만 그럼에도 불구하고 유명인이 되었다. 소크가 남들에게 알려지거나 유명해지기를 정말 싫어한다는 것을 알았던 TV 유명인 에드워드 머로Edward Murrow는 소크에게 "젊은이, 자네에게 비극이 닥쳐왔군. 이제 자네는 익명성을 잃었네"라고 말했다(글루엑Glueck, 1980).

어떤 사람들에게는 명성이 아닌 물질적 부가 가장 중요한 목표인 것으로 보인다. 예를 들어 다양한 거짓말로 흥행의 천재가 된 쇼맨 바넘PT Barnum은 명성이라는 부산물을 얻었다. 바넘은 돈을 벌기 위해 그의 공연에 사람들의 관심을 모으려 애썼고 그 공연의 부산물로 유명해졌다.

매스 미디어의 영향력이 더 커지면서 뛰어난 사람들이

아닌 평범하고 친근한 사람들이 각광을 받았다. TV 유명인에 관한 제임스 베넷(2011)의 책에서는 다른 사람을 연기하는 사람들과 자기 자신을 보여 주는 사람들을 명확히 구분한다. TV 유명인은 토크 쇼, 뉴스 프로그램, 요리 프로그램, 게임 프로그램과 같은 논픽션 프로그램 및 장르, 즉 사람들이 이들에 대해 알 수 있는 여러 프로그램에 출연한다. 토크 쇼 진행자이면서 동시에 배우이기도 한 오프라 윈프리Oprah Winfrey처럼 여러 장르에서 활동하는 경우도 가끔 있다.

매스 미디어 등장 이전 대부분의 유명인은 자신의 실제 삶에서 한 일들로 인해 유명해진 사람들이었다. 단, 20세기 영화배우의 선도자 격으로 인식되는 연극배우는 예외였다(럭허스트와 무디, 2005 참조). 라디오 유명인 월터 윈첼은 브로드웨이와 새롭게 발전하던 할리우드 영화 산업을 중심으로 이러한 '스타들'의 활동과 삶에 대해 보도했다. 바로 이 시기에 현대의 셀러브리티 사회가 발달하기 시작했다. 이와 대조적으로 이전 시대에는 알렉산더 대왕이나 율리우스 시저 같은 개인으로서 유명한 사람들, 즉 '성취된 셀러브리티'들이 있었다.

셀러브리티와 동일시를 주제로 다룬 많은 연구 문헌이 있다. 유명인을 지켜보는 일반인들에게 이들은 정신적 지주로서의 가치를 지니며 우리가 누구인지, 우리가 무엇을 중요시하는지를 더 명확하게 보여 주는 시금석 역할을 한다.

셀러브리티가 되기 전에 명성을 얻은 경우와 명성을 얻기 전에 셀러브리티가 된 경우에 각각 어떤 일이 발생하는지 알아보기 위해 구체적인 사례를 살펴볼 것이다. 더 드문 경우이긴 하지만 셀러브리티 없이 명성만 존재하거나 명성 없이 셀러브리티만 존재하는 경우도 있다. 다시 말하지만 서로 겹치는 부분이 있더라도 명성과 셀러브리티가 별개의 개념임을 전제로 하여 이러한 사례들을 구분할 수 있다.

셀러브리티가 명성보다 앞설 때

언제 셀러브리티가 명성보다 앞서는지를 잘 보여 주는 예는 미국 대통령과 결혼한 45명의 여성들이다. 이 여성들은 영부인이 되기 전에는 명성을 얻을 만한 일을 거의 하지 않았다. 하지만 이들 대부분은 대중의 시선에 갑자기 노출된 이후에 주목할 만한 업적을 쌓기 시작했다.

애비게일 애덤스Abigail Adams가 바로 그중의 한 예이다. 그가 살았던 1744년부터 1818년의 미국에서는 여성들이 관직에 오르거나 감히 지도자의 자리를 넘보지 않았고, 재산을 소유하거나 자신의 이름으로 저작물을 출판하는 일도 허락되지 않았으며 어떤 식으로든 누군가의 아내 이상의 신분을 가질 수 없었다. 애비게일 스미스Abigail Smith는 아내와 어머니의 평범한 삶을 기대하며 19세에 존 애덤스John Adams와 결혼했다. 하지만 그들의 결혼과 독립 전쟁 이후에 발생한 일련의 사태로 인해 애비게일 애덤스는 초기 미국의 국가적 틀을 형성하는 데 중요한 기여를 할 수 있는 상황에 놓이게 되었다. 그에 따라 국가의 건립은 물론 이를 둘러싼 역사적 사건들을 기록하는 데 있어서도 중요한 역할을 할 수 있었다.

미디어는 셀러브리티를 만들어 낸다. 어느 시대나 그랬고 이러한 현상은 20세기에 시작된 것이 아니다. 애비게일 애덤스의 명성이나 성취된 셀러브리티는 미국 역사상 중요한 시기에 영부인 역할을 한 것에서 비롯되었다. 애비게일 애덤스가 생을 마감할 무렵, 애덤스 일가는 이들 부부가 서로 주고받았던 편지의 중요성을 인식하고 당대의 역사 기록으로 보존하기 위해 세심한 주의를 기울였다. 1840년 애비게일 애덤스의 손자에 의해 출판된 이 편지들은 너무나 큰 인기를 얻어 4판까지 출판되었으며 19세기를 훌쩍 넘긴 이후까지 줄곧 베스트셀러 자리를 유지했다. 그 결과 애비게일의 명성도 함께 높아졌다. 대략 1170통에 달하는 이 편지들은 대부분 존 애덤스는 공직 활동을 하고 애비게일 애덤스는 가사를 돌보느라 서로 떨어져 지내던 시절(1774~1784)에 쓰였다. 애비게일은 거의 혼자서 자녀들을 양육했을 뿐 아니라 이들이 거주하던 곳과 매우 가까운 보스턴 지역에서 남편의 눈과 귀가 되어 그를 보좌했다. 살아 있는 동안에는 특별히 잘 알려지지 않았지만 이후에 애비게일 애덤스가 존경을 받았던 이유는 편지 자체가 지닌 영향력 때문이기도 하지만 편지를 통해 알 수 있듯이 미국의 독립 혁명과 이후 미국의 재건 과정에서 그녀가 담당했던 역할 때문이기도 하다.

예를 들어 애비게일 애덤스는 아들 존 퀸시John Quincy(이후 미국의 제6대 대통령이 된다)와 함께 벙커 힐 전투Battle of

Bunker Hill를 지켜볼 수 있는 유리한 장소로 가 자신이 본 것을 편지에 적어 남편에게 보냈다. 그러면 그는 대륙 회의Continental Congress에서 이 편지 내용을 공유했다. 초기 여성 인권 옹호자, 강력한 노예 제도 폐지론자, 독립 혁명의 증인으로서 애비게일 애덤스는 미국 역사상 존경받는 인물이 되었다. 이는 미디어가 셀러브리티 사회를 만들기 이전 시기에 어떻게 활자로 된 미디어가 셀러브리티를 만들어 낼 수 있는 힘을 지녔는지 보여 주는 예이다(스웨인Swain, 1982; 반 크리켄, 2012). 애비게일은 남편과의 관계를 통해 공적인 위치에 놓이게 되었지만 이후에 자신의 힘으로 유명해진 전형적인 예이다.

우리는 1장에서 패리자일스(2008)의 논문에 대해 이야기했다. 그는 "현대 셀러브리티 정치의 특징인 칭찬과 감탄 일색의 정서적 미사여구"를 사용해서 존 애덤스 대통령을 셀러브리티로 만들어 버렸다며 데이비드 맥컬로프를 비난했다(p. 88). 누군가 특정 인물의 업적에 대해 이야기하거나 그것을 사람들에게 알린다면, 이 역사적 인물이 유명해질 만하고 유명 인사로서 자격을 갖춘 부분에 초점을 맞춰야 한다. 반면 그 역사적 인물의 개인적 삶이나 특징에 대한 글을 쓴다면 그 사람에게 셀러브리티의 지위를 주는 것이다. 존 애덤스를 예로 들자면 맥컬로프의 책이 그렇게 매력적인 이유는 이야기 속 인물들을 실제 삶으로 끌어냈기 때문이다. 사람들은 벤자민 프랭클린Benjamin Franklin, 토머스 제퍼슨Thomas Jefferson, 존 애덤스와 애비게일 애덤스, 그리고 그들의 아들 존 퀸시 애덤스와 같은 유명한 인물에 대해 이미 역사책에서 읽었다. 하지만 맥컬로프는 위에서 이야기한 개인적 편지의 내용을 이용해서 이들을 살아 있는 인물처럼 생동감 있게 묘사하는 데 성공했다. 이들의 개인적 특징에 초점을 맞추었기 때문이다.

명성이 셀러브리티보다 앞설 때

다니엘 부어스틴(1961)은 자신의 저서 『이미지와 환상The Image』에서 찰스 린드버그의 경우를 자세히 소개했다. 주목할 만한 업적을 이루었지만 이후에 사람들의 관심이 그의 사생활에 쏠리면서 업적이 가려진 명백한 사례이다. 린드버그가 1927년 뉴욕에서 프랑스까지 최초로 대서양 횡단에 성공하자 그의 기술과 용기에 대한 찬사가 쏟아졌다. 그의 비행이 있기 전부터 대대적인 홍보 활동이 계획되어 언론의 관심을 집중시켰다. 비행 후에는 수년간 수없이 되풀이되는 뉴스 보도가 뒤따랐다. 그 후 언론의 관심은 린드버그의 결혼, 어린 아들의 납치, 살해 사건에 쏠렸다. 이 모든 사태에 대해 과열된 보도 경쟁을 벌이는 뉴스 미디어 때문에 모든 상황의 시발점이 되었던 린드버그의 업적이 무엇이었는지는 기억하기가 힘들어졌다. 당연해 보였던 영웅의 삶은 끝내 비극적 결말을 맞게 되었다.

명성을 먼저 얻은 후에 셀러브리티가 된 또 다른 예로 알버트 아인슈타인Albert Einstein을 들 수 있다. 아인슈타인이 살아 있는 동안 그의 업적은 즉각 알려지지 않았다. 실제로, 아인슈타인의 가장 중요한 논문들 중 다수는 그가 대학교수로 임용되기 전에 집필되었다. 그는 생계 유지를 위해 특허청에서 근무했으며 인생 후반기에 이르기 전까지는 자신의 분야에서 특별히 존경받는 인물이 아니었다. 아인슈타인은 21세기 들어 가장 유명한 20세기 인물 중 하나로 인식되고 있으며 많은 책에서 그의 사생활과 사적인 이야기를 노출시키려는 시도를 한다. 이는 셀러브리티를 다루는 전형적인 방식이다. 『타임Time』지는 아인슈타인을 '세기의 인물'로 선정했으며 전 세계에서 이미지와 이름을 가장 빨리 알아볼 수 있는 인물 중 하나라고 밝혔다. 아인슈타인은 40대에 '셀러브리티' 반열에 올랐고 시오니즘의 명분을 알리는 데 셀러브리티로서 자신의 지위를 이용했다. 그의 이와 같은 행보는 다른 유대인들 사이에서 논란이 되기도 했다. 아인슈타인은 가끔 명성에 대해 불평을 하기도 했지만 자신의 연구 업적에 대한 결과라고 생각하고 대체로 받아들였다(케네디Kennedy, 2016).

린드버그와 아인슈타인이 다른 점은 린드버그의 업적은 그의 셀러브리티 신분에 의해 거의 가려진 반면 아인슈타인의 업적은 그렇지 않았다는 것이다.

명성이 셀러브리티로

존 애덤스 외에 최근 셀러브리티로 성격이 완전히 바뀌면서 개인적 삶이 선정적으로 다뤄지고 있는 또 다른 유명인으로 알렉산더 해밀턴Alexander Hamilton을 들 수 있다. '건국의 아버지' 중 한 사람으로 여겨지는 알렉산더 해밀턴은 『연방주의자 논집The Federalist Papers』을 작성했고 조지 워싱턴 대통령에 의해 초대 재무장관으로 임명되어 미국의 은행 및 금융 시스템의 틀을 마련했다. 린 마누엘 미란다Lin-Manuel Miranda가 브로드웨이 뮤지컬에 처음 출연했던 해인 2015년까지 해밀턴은 상대적으로 덜 알려진 인물이었다. 해밀턴의 인생을 다룬 미란다의 브로드웨이 데뷔작은 해밀턴이라는 인물과 그의 사생활의 여러 측면에 대해 열광적인 반응을 끌어냈다. 이 뮤지컬에서는 또 다른 유명한 건국의 아버지인 애런 버Aaron Burr의 삶과 활동이 그려지기도 했다. 역사학자인 론 처노Ron Chernow가 2005년에 내놓은 전기 『알렉산더 해밀턴Alexander Hamilton』에서 영감을 받은 뮤지컬 '해밀턴Hamilton'은 브로드웨이에서 큰 반향을 불러일으켰다. 2016년 토니상을 휩쓸었으며 치솟는 티켓 가격에도 불구하고 매진 행진을 이어 가며 전무후무한 흥행 기록을 세웠다.

명성 없는 셀러브리티

20세기와 21세기에는 주목할 만한 별다른 업적이 없는 셀러브리티의 예가 많지만 그보다 앞선 오스카 와일드의 경우는 이러한 현상이 오늘날에만 국한된 것이 아님을 보여주는 예이다.

오스카 와일드는 유명해지려는 분명한 의도를 갖고 있었다. 데이비드 프리드먼David Friedman(2014)은 "와일드는 인식이 곧 사실이고 이미지는 진실을 이긴다는 것을 알고 있었다"(p. 144)고 말했다. 오스카 와일드의 인생에서는 모든 것이 대중의 관심을 끌어내기 위한 의도로 설계되었다. 그는 아주 젊은 나이부터 미국을 돌며 다양한 주제에 관해 강연을 시작했지만 이때까지는 대학 강의 외에 성과를 별로 거두지 못했다. 와일드와 그의 강연 기획자들은 와일드를 미학 '전문가'로 홍보했으며 강연은 예술과 아름다움이라는 주제를 중심으로 이루어졌다. 뉴욕 시에서 그가 가장 먼저 한 일 중 하나는 당시에 가장 유명한 사진작가 중 한 사람인 나폴레옹 사로니Napoleon Saroney에게 자신의 초상 사진을 맡긴 것이다. 이 초상 사진들은 명함과 광고용 우편

엽서로 인쇄되어 와일드의 강연을 홍보하기 위해 배포되었고 이 강연으로 와일드와 기획자들은 수익을 올렸다. 아주 별나고 이목을 집중시키는 그의 옷 입는 성향이 와일드의 성공의 열쇠 중 하나였다.

와일드가 결국 현대 영문학의 고전으로 인정받는 소설과 여러 편의 희곡 및 수필을 쓰기는 했지만 그는 원래 '의사 사건擬似 事件'을 만들어 내는 것으로 가장 잘 알려져 있었다. 부어스틴(1916)은 어떤 사물이나 사람을 알리기 위해 가짜로 꾸며진 사건을 가리켜 의사 사건이라고 명명했다. 프리드먼이 쓴 전기의 부제는 『오스카 와일드와 현대 셀러브리티 발명Oscar Wilde and the Invention of Modern Celebrity』이었다. 오스카 와일드가 셀러브리티라는 것을 발명한 것이 아니라 하더라도 그는 자신을 홍보해 유명해질 수 있다는 발상을 하는 데 확실히 기여했다.

셀러브리티 없는 명성

오빌 라이트Orville Wright와 윌버 라이트Wilbur Wright 형제는

독창성, 용기, 끈기를 기반으로 비행기를 발명했다. 비행기의 발명은 미국의 현대 운송 체계를 바꿔 놓은 사건이었다. 데이비드 맥컬로프의 전기(2015)에 나온 라이트 형제의 이야기를 읽어 보면 굉장히 인상적인 점이 많다. 라이트 형제는 둘 다 대학에 다니지 않았다. 윌버는 원래 예일 대학에 진학할 생각이었지만 심각한 사고를 당해 입학 기회를 놓쳤다. 오빌은 자전거 상점을 개업했고 윌버가 사업에 참여했다. 그리고 그 수익으로 비행기를 개발했다. 존 애덤스와 애비게일 애덤스의 이야기처럼 우리는 라이트 형제가 서로 주고받은 편지를 통해 이들이 어떻게 작업을 진행했는지 알 수 있다. 라이트 형제의 발명에 관한 위대하고 영웅적인 이야기 속에는 항공에 대한 이들의 헌신, 몰두, 끈기가 담겨 있다. 라이트 형제에게는 서로를 위해 헌신하는 가까운 가족이 있었지만 맥컬로프의 전기에서는 이들의 사생활에 대해 거의 다루지 않았다. 대학 졸업 후 교사가 된 누이 캐서린Katherine은 라이트 형제가 프랑스에 머무는 동안 이들의 대변인으로서 중요한 역할을 했다. 캐서린이 대중과 언론의 관심을 막아 주었기 때문에 형제는 일에만 집중할 수 있었다. 캐서린은 1908년 9월 오빌이 추락 사고를 당했을 때도 오빌을 간호하며 건강을 회복할 때까지 변함없이 그의 곁을 지켰다.

라이트 형제가 비행에 성공하자 이야깃거리와 인터뷰를 원하는 언론이 이들을 뒤쫓았다. 그토록 중요한 위업을 달성한 사람이라면 응당 받게 되는 대중의 매서운 눈길을 피할 수 없었다. 하지만 언론의 관심을 추구했던 린드버그와는 달리 라이트 형제는 세심하고 신중한 태도로 인터뷰에 임했고 앞서 이미 이야기했듯이 형제가 작업을 할 때는 누이 캐서린이 언론의 접근을 차단하기 위해 대신 나섰다. 1909년 이들이 유럽에서 돌아왔을 때 고향인 오하이오주 데이턴에서는 6월 17일 라이트 형제를 위해 성대한 기념식을 개최했다. 형제가 이룬 모든 업적에 대해 데이턴에서 공식적으로 인정을 받는 첫 행사였다. 형제는 그날 각자 악수를 한 사람들이 어림잡아 5000명 정도였다고 말했다. 다음 날 이들은 다시 시험 비행을 위해 복귀했다. 사실, 행사 당일에도 이들은 당시 자신들의 비행기 원형 제작을 위해 상당한 시간을 할애했다. 이들은 명성에 별 영향을 받지 않은 것으로 보일 것이다. 이들은 발명을 통해 많은 돈을 번 적이 없고 소박하고 검소한 생활을 했다. 윌버는 45세에 장티푸스로 사망했다. 76세까지 생존한 오빌은 물질적 성공으로 인한 혜택을 형보다는 약간 더 누렸다. 그러나 넉넉하게는 지냈지만 사망할 당시에는 상대적으로 가세가 기울었다. 확실히 이 두 남성에게 '부'와 '명성'은 서로 연관이 없었으며 추구의 대상도 아니었다.

아이콘과 브랜딩

20세기에 시각 미디어가 우세해진 데 따른 결과 중 하나로 셀러브리티 아이콘celebrity icon을 들 수 있다. 셀러브리티 아이콘이란 천재성과 동의어가 되어 버린 알버트 아인슈타인의 이미지처럼 시각적 상징으로 대표되는 셀러브리티를 말한다. 연상되는 이미지가 너무 강력해서 수많은 제품이 아인슈타인의 이름을 사용해서 마케팅을 하고 있다. '베이비 아인슈타인'이나 고객 관계 관리 기업인 세일즈포스 사의 고객 정보 분석을 위한 새로운 인공 지능 제품 '세일즈포스 아인슈타인' 등을 예로 들 수 있다.

이와 관련한 또 다른 용어로 특히 21세기에 등장한 '브랜딩'이라는 용어가 있다. 브랜딩은 상징적인 이미지를 만들어 자신이나 자신의 아이디어에 기억하기 쉬운 '포장'을 입혀 광고하는 것을 의미한다. 마이클 잭슨에게는 발끝으로 선 옆모습 이미지가 있었는데 그의 이름과 이력을 아는 사람이라면 누구나, 1980년대에는 거의 모든 사람이 그 이미지를 한눈에 알아볼 수 있었다. 마찬가지로 미키 마우스, 찰리 브라운, 호머 심슨과 같은 허구의 캐릭터들도 즉각적인 인지 가능성, 제품(즉 디즈니랜드)과의 연관성, 핵심적 특징을 가지고 있다. 예를 들어 찰리 브라운은 자신 없고 열등감에 시달리는 어린 사내아이로, 호머 심슨은 실수투성이에 무능한 성인 남성으로 그려진다.

처리해야 할 정보가 너무 많아 사람들이 그 정보에 압도당하는 세상에서 상징적 이미지로 표현되는 브랜딩은 반드시 필요한 요소가 되었다. 셀러브리티는 다음의 3단계 '의미 전이 모델'(매크라켄McCracken, 1989, p. 307)을 거쳐 '브랜드'가 된다.

1. 셀러브리티가 특정 의미를 갖게 된다.
2. 그 의미가 제품에 전달된다.

3. 소비자는 해당 제품을 구입하고 사용함으로써 이 의미를 받아들인다.

따라서 앞에서 예로 들었던 아인슈타인의 경우 우선 아인슈타인이 천재성, 높은 지능, 학문적 위상을 의미하게 된다. 다음 단계에서 '베이비 아인슈타인' 제품 개발자들은 제품에 베이비 아인슈타인이라는 브랜드를 붙여서 자사 제품에 천재성 개발이라는 의미를 부여한다. 소비자는 이 제품이 자기 자녀의 인지 발달에 좋다고 믿으며 해당 제품을 구매한다.

정치와 브랜딩

셀러브리티와 명성, 혹은 일부 저술가들이 구별하는 태생적 셀러브리티와 성취된 셀러브리티 사이의 경계가 정치계만큼 흐려진 곳도 없다. 정치 지도자들이 정치 활동을 하는 이유가 그들의 지난 업적과 지도자로서의 검증된 능력 때문이라면 이상적일 것이다. 물론 가능한 일이긴 하지만 선거에서 대중이 어떤 후보의 '브랜드'를 가장 많이 받아들이는지에 따라 승자가 결정되는 일이 점점 더 빈번해지고 있다. 이러한 상황에서는 후보자가 실제 이룩한 업적보다 후보자에 대한 홍보가 더 중요하다. 매튜 톰슨Matthew Thomson(2006)은 이렇게 주장했다. "셀러브리티는 전문적으로 관리될 수 있고, 추가적으로 연상되는 이미지가 있고, 브랜드의 특징을 지니고 있기 때문에 셀러브리티도 브랜드로 볼 수 있다"(p. 105).

이와 관련하여 2016년 대선에서 '도널드 트럼프Donald Trump'의 브랜드보다 더 좋은 예가 없다. 자신의 판단이 잘못되었거나 심지어 터무니없을 때도 트럼프는 계속해서 자신감 있고 강인한 이미지를 내세웠다는 두멘코Dumenco(2016)의 주장은 정확했다. 그가 짧게 내뱉는 발언들은 즉각적으로 뉴 미디어 비평가들, 심야 토크 쇼의 공격 대상이 되었지만 그는 계속해서 행동으로 자신의 브랜드 이미지를 강화했다. 이 경우 트럼프가 대통령직에 적합하다는 착각을 불러일으킨 것은 어떠한 업적이나 능력도 아닌 이미지이다. 트럼프 진영에서는 홍보 전략으로 그가 보수적 이데올로기를 옹호한다는 이미지를 내세웠는데 이러한 생각은 보수적 복음주의 우파의 마음을 사로잡았다. 트럼프가 결혼을 세 번이나 했다는 사실과 그를 둘러싼 불륜과 간통에 관한 추문에도 불구하고 겉으로는 낙태 합법화 반대, 총기 규제법 반대와 같은 정치 슬로건을 표방하며 보수적 논리를 옹호했기 때문에 보수층의 지지를 받을 수 있었다.

이러한 예와 같이 자격 요건이나 대중의 이익보다는 정치 후보가 가진 셀러브리티적 면모가 당선을 위해 갖추어야 할 능력 중 가장 중요한 요소가 되었다. 이처럼 선출직 관료가 공무원이 아닌 대중의 볼거리가 되어 버리는 경우가 너무 흔하다.

브랜딩과 상품으로서의 셀러브리티

셀러브리티와 관련하여 학자들 사이에서 계속 논의되고 있는 또 다른 주제는 상품으로서의 셀러브리티이다. 셀러브리티 업계는 오직 수익만을 염두에 두고 셀러브리티를 양산한다(터너, 2004). 저술가 및 학자들은 홍보를 전문으로 하는 조직들이 실제 재능이나 업적은 무시하고 '스타성'이나 카리스마를 이용해 돈벌이가 되는 셀러브리티를 쫓아내다며 대중의 시선을 받는 셀러브리티들의 진실성에 의문을 품는다. 일부 경우만 자세히 살펴보더라도 이러한 주장이 보편적 사실임을 알 수 있을 것이다.

예를 들어 타이거 우즈Tiger Woods나 O.J. 심슨O.J. Simpson의 경우처럼 공개적으로 비행을 저지르면(혹은 더 심각한 잘못을 하면) 유명 스포츠 스타의 광고 모델로서의 가치는 손상을 입는다. 반면 이들이 얻은 수익은 근면함과 성공의 결과이며 애초에 이로 인해 대중의 관심을 받은 것이다. 마이클 조던Michael Jordan이나 세레나 윌리엄스Serena Williams 같은 유명 선수들이 먼저 자신의 경쟁 스포츠 분야에서 정상에 도달하지 못했다면 미디어의 총애를 받지 못했을 것이고 거액의 광고 계약도 맺지 못했을 것이다. 미디어 홍보 조직이 그러한 재능을 포착해 수익을 얻기 위해 사용하는 것이 분명하지만 셀러브리티에 관한 많은 글에서 이들의 재능과 성실한 노력은 최소한으로만 다루어진다. 하지만 제임스 베넷(2011)은 TV 유명인이 되기 위해 필요한 재능을 잘 설명했다.

셀러브리티에 관한 글에서 다루는 또 다른 주제는 셀러

브리티가 대중 앞에 설 때 진정한 혹은 진실된 자신의 모습을 보여 주지 않는다는 점이다. 보여지는 모습은 모두 다 연기이고, 타인이 볼 수 없는 사적 자기私的 自己는 타인에게 보여지는 공적 자기公的 自己와 절대 부응하지 않는다(로제크, 2001; 터너, 2004). 이 주제는 더 까다로운 문제이다. 이미 이야기한 것처럼 고프먼(1959)은 우리 모두는 인생이라는 무대의 배우라고 생각했다. 따라서 대인 지각에 대한 그의 연극학적 관점에 의하면 우리 모두는 이 인생이라는 무대에서 자신의 이상적인 모습을 연기한다(2장 참조).

다만 셀러브리티는 보통 사람들보다 더 많은 관객을 대상으로 더 넓은 무대에서 자신을 연기하기 때문에 명성이나 셀러브리티 혹은 둘 다 달성한 사람들의 경우 이상적 자신과 실제 자신과의 간극이 훨씬 더 클 가능성이 있다. 수 블로랜드Sue Bloland(2005, p. 7)는 셀러브리티인 자신의 아버지이자 발달 심리학자 에릭 에릭슨에 대한 글에서 다음과 같이 말했다.

> 셀러브리티인 아버지 덕분에 나는 명성을 쌓은 인물을 둘러싸고 현대판 동화가 실제로 어떻게 꾸며지는지를 관찰

할 수 있는 흔치 않은 기회를 가질 수 있었다. 지나치게 단순화되고 이상화된 이미지(셀러브리티 자신과 기꺼이 수용할 준비가 된 대중의 도움으로)가 미디어에 의해 탄생한다. 이 이미지는 대중이 쉽게 동일시할 수 있고 간접적인 힘과 영감을 얻을 수 있는 이미지이다. 하지만 그런 이미지들은 인간의 실제 모습이 아니다. 오히려 이 이미지들은 사람들이 실제로 지니고 있는 내면의 복잡성을 감추어 버린다.

그렇기 때문에 셀러브리티의 대중적 이미지는 이들이 행하는 거짓된 묘사나 '연기'가 아니라 그 사람의 실제 삶을 지나치게 단순화해서 보여 준 것이다. 이러한 이미지는 오해를 불러일으키려는 의식적인 바람이 아니라, 개인적인 복잡성과 힘든 일들을 사적인 영역으로 남겨 둔 채 자신의 삶을 긍정적인 시각으로 묘사하려는 욕구이다.

영웅주의

셀러브리티에 관한 일부 책에서 다루는 또 다른 주제는, 역사적 인물들이 업적으로 인해 유명해진 반면 현대의 셀러브리티는 자신을 대중에게 '팔기' 위한 복잡한 홍보 전략 외에는 특별히 내세울 것이 별로 없는 단순한 미디어 유명인이라는 점이다. 부어스틴(1961)의 주장에 따르면 셀러브리티는 "인간의 위대함에 대한 우리의 과장된 기대를 충족시키기 위한 목적으로 조작된다"(p. 58).

이러한 논리에 입각해서 보면, 현대의 인물들이 명성이 높은 사람이 아닌 셀러브리티가 되는 이유는 이들이 업적이 없기 때문이 아니라 언론에서 사적인 이야기와 추문에 치중하느라 업적을 무시해 버리기 때문이다. 따라서 유명하다는 것이 하나의 해석인 것과 마찬가지로 셀러브리티가 된다는 것 또한 다양한 미디어의 해석일 수 있다.

존 애덤스의 개인적 약점과 당시의 다른 인물들과의 갈등을 부각시켰기 때문에 존 애덤스가 역사적 인물에서 셀러브리티로 바뀌었다고 생각해야 하는 것일까? 예를 들어 영국 왕실의 다이애나 비와 같은 인물의 여러 관계, 추문, 개인적 자질을 집중적으로 다룬 현대 미디어도 별반 다를 것이 없다. 그 결과 다이애나 비의 인생은 활동적인 자선가, 다양한 대의명분을 지키는 대변자로서 인정받기보다는 셀러브리티 신분으로 전락하고 만다. 그러나 미디어의 개입이 덜한 시대였더라면 그녀가 영웅이나 역할 모델이 될 수도 있었겠지만 지금은 아니라는 결론은 설득력이 없어 보인다. 시간이 지나면서 바뀐 것은 실제 인물이 아닌 그 인물에 대한 해석이다. 우리 시대의 유명인들이 깊이 있는 인격이나 영웅적 본질이 부족한 것이 아니라 이들에 대해 해석하는 미디어에서 이러한 측면을 다루지 않는 것이다. 우리에게 더 이상 진정한 영웅이 없다는 결론은 받아들이기 힘들다.

오늘날 정작 문제가 되는 것은 현재의 지도자들이 셀러브리티로 변하는 과정에서 우리가 더 이상 이들의 세계관이나 행동을 근거로 삼는 대신 이들의 성격에 대한 감정적이고 정서적인 평가를 한다는 사실이다. 이 같은 우려는 타당하나 이는 존 애덤스의 시대에도 마찬가지였던 것으로 보인다. 독립 전쟁 당시 존 애덤스는 그의 허영심과 자만심을 비난하고 그에 관해 부정적인 시각을 표현한 서신들 때문에 업무에 지장을 받았다. 국회와 당시의 영향력 있는 다른 기관들에 보내는 서신은 1700년대 판 타블로이드 신문 같은 영향력을 지녔다고 볼 수 있을 것이다. 그를 비방하는 편지를 근거로 나라를 위해 협상할 수 있는 애덤스의 능력을 국회에서 신뢰하지 않았다면, 다양한 뉴스(심지어 타블로이드 신문) 출처를 통해 후보자에 관해 발표되는 내용에 근거해 후보자를 신뢰하지 않는 오늘날의 유권자들과 무엇이 다르겠는가?

중요한 사실은 숭고하고 영웅적인 사람들의 존재 여부가 아니라 모든 경우에 있어 사람들이 어떻게 묘사되는지, 그리고 그러한 묘사가 활자화된 언어(이후에는 시각적 언어)로 어떻게 퍼져 나가는지이다. 사실 데이비드 맥컬로프(2002)가 전기를 통해 존 애덤스를 셀러브리티로 변화시킨 것이라면 명성이 높은 사람 중에 누구인들 그런 과정을 피해 갈 수 있겠는가?

현대 셀러브리티의 몇몇 사례는 내가 왜 명성과 셀러브리티의 이분법을 받아들이기 어려워하는지, 우리 시대에 영웅이 없다는 사실에 왜 의문을 제기하는지를 보여줄 것이다.

키아누 리브스Keanu Reeves는 마약 판매 혐의로 수감 생활을 한 아버지 밑에서 자랐다. 그 외에도 그가 어린 시절을 힘겹게 보내야 했던 여러 이유 중에는 난독증도 있었는데

이 때문에 그는 고등학교를 마칠 수 없었다. 이러한 역경에도 불구하고 그는 세 편의 '매트릭스Matrix' 시리즈, '스피드Speed', '레이크 하우스The Lake House' 같은 메이저급 히트 영화에서 연속으로 주연을 맡았다. 인터넷 영화 데이터 베이스IMDB에 수록된 다음의 인터뷰 내용은 명성과 셀러브리티에 대한 키아누 리브스의 생각을 잘 보여 준다.

> 돈에 대해서는 신경을 쓴 적이 없다. 돈 때문에 연기를 시작한 것이 아니기 때문이다. 명성을 즐겼던 적도 없다. 파파라치 문화가 이전보다 더 집요해져서 '저 배우가 주유하는 걸 좀 지켜보자' 이런 식이다. 그래도 돈 걱정을 안 해도 되니 좋기는 하다. 돈으로 행복을 살 수 없다는 말이 너무 상투적이지만 돈이 있으면 자기가 살고 싶은 대로 살 수 있는 자유가 생긴다. 고맙게도 나는 운이 엄청 좋았다. 돈을 정말 많이 벌어서 자선 단체도 만들 수 있었다. 멋진 일이다.

'매트릭스'(1999)는 총 흥행 수익이 1억 7100만 달러(약 1900억 원)에 달하는 큰 성공을 거둔 영화이다(IMDB.com).

영화의 성공 요인 중 하나로 그 당시 영화에서는 볼 수 없었던 특수 효과와 그래픽을 꼽을 수 있다. 키아누 리브스는 '매트릭스' 시리즈의 흥행 수익에서 자신의 지분을 줄여 특수 효과 예산을 보충했다. 다른 영화들에서도 그는 영화의 성공을 위해 자신의 출연료를 줄여 다른 배우들의 캐스팅 비용 등에 충당하도록 했다. 여동생이 백혈병 진단을 받았을 때 그는 백혈병 연구를 위해 500만 달러를 기부하고 암 환자를 지원하는 자선 단체를 설립했다. 보도에 따르면 그는 뉴욕의 지하철을 타고 다니는가 하면 셀러브리티의 과시적인 생활 방식을 피하는 등 절제되고 소박한 삶을 산다고 한다. 암 환자 지원 단체 스탠드 업 투 캔서Stand Up To Cancer, 동물 보호 단체 페타PETA, 환아 재단 시크키즈SicKids 등 다른 여러 자선 단체를 정기적으로 지원한다(라마레Lamare, 2014).

자선 활동을 활발히 하는 또 다른 배우로 자신의 역경을 자선 사업으로 발전시킨 크리스토퍼 리브Christopher Reeve를 들 수 있다. '슈퍼맨Superman'의 주인공 역으로 가장 잘 알려진 크리스토퍼 리브는 1995년 승마를 하던 도중 사고로 전신이 마비되었다. 그가 미국 마비 환자 연합American Paralysis

Association과 제휴 관계를 구축한 이후로 이 단체의 수입이 3년 만에 두 배가 증가하여 500만 달러(약 57억 원)가 되었다. 이 자선 단체는 크리스토퍼 리브 재단Christopher Reeve Foundation이라는 새로운 이름을 내걸었다. 리브는 자신의 웹 사이트에서 이렇게 말했다. "영웅이란 감당하기 힘든 여러 장애에도 불구하고 힘을 내서 참고 견디는 보통의 사람들이라고 생각한다."

그의 말은 크리스토퍼 리브 자신과 키아누 리브스 그리고 명성과 셀러브리티를 모두 이루어 낸 사람의 내면에 있는 영웅적 자질을 잘 보여 준다. 이들은 21세기적 영웅의 극적인 사례이기도 하다. 말랄라 유사프자이Malala Yousafzai (2013)는 이슬람 무장 단체 탈레반이 기승을 부리는 파키스탄에서 굳건히 학업에 매진하던 어린 소녀였다. 당시 말랄라는 여학생들의 교육받을 권리에 대해 목소리를 높인다는 이유로 표적이 되어 얼굴에 총격을 당했다. 이 암살 미수 사건에서 기적적으로 회복한 말랄라는 자신과 가족의 안전을 위해 영국으로 이주했다. 말랄라는 자신의 목숨을 노린 사건이 발생하기 이전과 이후의 자신의 삶을 그린 자서전을 집필했고, 모든 어린이의 교육받을 권리를 지키기 위한 노력을 인정받아 2014년 노벨 평화상을 수상했다.

이번 장에서 우리는 셀러브리티와 명성의 많은 예를 다루었고 사생활에 대한 대중의 관심이 쏟아지기 이전에 명성을 얻었거나 이후에 명성을 얻은 여러 경우들을 분석해 보았다. 계속해서 이야기했듯이 이 논의에서 다루는 다양한 남성과 여성을 보면 모든 유형의 셀러브리티는 동일한 한 가지 유형의 범주에 들 수 없는 각자 개성을 지닌 개인들이라는 사실을 알 수 있다. 또한 각 사례마다 역사상 시기, 성별, 연령, 업적, 동기 부여, 의지 이 모든 것들이 영향을 미친다.

04
셀러브리티의 삶과 어려움

셀러브리티가 된 상태는 그 자신에게 어떤 영향을 미칠까? 유명세를 받아들이든 거부하든, 명성은 당사자에 큰 영향을 미친다. 이번 4장을 준비하면서 나는 나의 셀러브리티 친구들에게 명성과 관련한 경험에 대해 질문을 하고 셀러브리티의 자서전도 읽어 보았다.

내가 잘 알고 있는 셀러브리티들은 '스타 트렉'을 통해 맺은 인연들이다. '스타 트렉'은 그 자체로 작은 세상이고 그 안에서는 많은 사람들이 유명하지만, 외부 세계에서는 그리 유명하지 않은 경우가 많다. 하지만 내가 인터뷰한 사람들 대부분은 '스타 트렉' 외부에서도 유명세를 경험한 사람들이다. 특히 린 어벌조노이스Rene Auberjonois는 50대에 '스타 트렉'에 캐스팅되기 전부터 유명했고 이미 브로드웨이, 영화, 텔레비전 등 다방면에 걸친 경력을 가지고 있다. 시디그(예명은 알렉산더 시디그Alexander Siddig, 본명은 시디그 엘 파딜Siddig El Fadil)는 수단의 지배 계층 가정에서 성장했으며 그의 가족 중에는 외삼촌인 말콤 맥도웰Malcolm McDowell이 있고, 양부인 마이클 버켓Michael Birkett 경은 영국 상원 의원이다. 시디그를 알고 지내던 시절 그의 집에서 게오르그 솔티George Solti, 마가렛 대처Margaret Thatcher, 그 외에도 여러 유명인과 함께 차를 마셨던 일화가 있다. 앤디 로빈슨Andy Robinson에게 '더티 해리Dirty Harry'의 유명한 악당 스콜피오Scorpio 역은 인생을 바꿔 놓는 특별한 경험이었다. 아민 시머만Armin Shimerman은 '스타 트렉' 외에도 '미녀와 야수Beauty and the Beast', '뱀파이어 해결사Buffy the Vampire Slayer' 등 많은 텔레비전 작품에 출연했다. 체이스 마스터슨Chase Masterson은 '스타 트렉'에 캐스팅되기 전에 '제너럴 호스피털General Hospital'에 출연 중이었다. 위에 언급한 배우들은 연극 무대에 선 경험이 있고 교육 수준도 높다. 따라서 일반적인 의미에서 텔레비전 셀러브리티를 대표한다고 말할 수는 없을 것이다. 그럼에도 불구하고 이들의 경험담을 통해 길거리에서 낯선 사람들이 자신을 알아보는 것, 자신의 사인을 받기 위해 돈을 지불하는 사람들이 존재하는 상황이 어떤 것인지는 알 수 있다.

가치관

자신에게 무엇이 중요한지를 나타내는 가치관은 유명해지는 상황에 그 사람이 어떻게 반응할지에 큰 영향을 미친다. 슈워츠Schwartz(2012)는 사람들의 삶의 방식을 좌우하는 열 가지 기본 가치 기준을 밝혀냈다. 그 기준은 자주적 방향 설정, 자극, 쾌락주의, 성취, 권력, 안도감, 순응, 전통, 박애, 보편주의이다. 이 기준들은 모두 셀러브리티의 개념, 셀러브리티가 어떻게 추구되고 달성되는지, 셀러브리티가 달성된 이후에는 그 가치가 어떻게 평가되는지와 연관이 있다. 셀러브리티가 된 이후에 그것을 이용해 어떤 일을 할지에 관한 선택은 개인의 가치 기준을 보면 예견할 수 있고 실제로 명성을 추구하는지 여부가 그 결과를 좌우한다. 셀러브리티를 추구하는 사람들에게는 부유하고 유명해지고 싶다는, 보다 정형화된 생각이 동기 부여가 되고 쾌락주의, 성취, 권력, 안도감 등 명성과 함께 따라오는 모든 것이 가치 기준이 될 것이다.

자서전에 나타난 에바 가드너Ava Gardner(1990)란 인물은 너무나 가난한 가정에서 자랐기 때문에 안정적인 수입과 화려한 생활, 아름다운 옷(배우들은 공개 석상에 모습을 드러낼 때 MGM의 모든 의상을 입을 수 있었다)이 보장되는 할리우드에 입성했을 때 이 모든 것들을 기꺼이 받아들이고 안정된 삶을 이룬 것을 행복해 한다. 세월이 흐른 뒤 가드너는 슈퍼스타 셀러브리티가 다 그렇듯이 사생활의 박탈을 경험한다. 가드너는 언론의 감시를 벗어날 수 없었던 프랭크 시나트라와의 결혼에 대해 이야기한다. 그들은 한 가정집에서 결혼식을 올렸는데 정보가 새어 나가 전체 기자단이 결혼식 당일 집 앞마당에 진을 치고 있었다. 상황이 너무 힘들어서 가드너는 급기야 자신의 33번째 생일을 불과 며칠 앞두고 스페인으로 떠났다.

왜 떠났을까? 우선 무엇보다, 그곳에 사는 동안 할리우드를 좋아했던 적이 없다…그곳에서는 사생활을 누리기가 점점 더 불가능해졌다. 강아지를 산책시킬 수도 없고 공항이나 식당에도 갈 수 없고 심지어 화장실에 갈 때조차 항상 누군가 내 주위에서 나를 지켜보며 나에 대해 보도하고 나를 몰래 감시했다. 영화배우의 삶이라는 감옥에 갇힌 것 같아 더 이상 그렇게는 살 수가 없었다.

(p. 219)

아서 밀러Arthur Miller(2013)는 단연코 20세기 가장 유명 극작가라고 할 수 있다(『세일즈맨의 죽음Death of a Salesman』, 『시련The Crucible』). 메릴린 먼로Marilyn Monroe와 결혼을 하기도 한 그는 자서전에서 고통과 실패의 힘겨운 삶에 관한 글을 써서 성공을 거두었던 아이러니에 대해 이야기했다.

성공한 사람인 내게 길 가던 사람들이 종종 인사를 건네 왔는데 그들의 생기 없는 표정은 상냥했지만 나는 불편할 정도로 어색함을 느꼈다. 인생의 실패에 대한 나의 공감 능력이 내 유명세 때문에 흔들리고 있었다.

(p. 138)

그는 명성이 동반하는 불가피한 오만함의 흔적을 한탄했다.

> 마치 상상할 수 있는 모든 것을 현실로 만들 수 있는 새로운 힘이라도 생긴 듯 그렇게 높아진 인지도는 오만함이라는 흔적을 남긴다.
>
> (p. 193)

하지만 그는 일을 시작한 초기에 물질적 이익을 위해 자신의 가치 기준을 굽힐 의향이 없었다.

> 30대가 지나도록 나는 놀라울 만큼 순수성을 잃지 않았다. 1939년 어느 때인가 대학을 졸업한 지 채 몇 달이 안 돼 연방 연극 사업Federal Theatre Project에서 주급 23달러짜리 일을 군소리 없이 했다… 주급 259달러를 준다고 해도 아무렇지 않게 거절한 적도 있다. 20세기 폭스Twentieth Century Fox에서 제안한 일이었다.
>
> (p. 231)

분명, 물질적 동기가 자신의 예술 분야에서 성공과 영향력을 추구하는 사람들의 보편적 특징은 아니다. 아래에 나온 배우들의 인터뷰를 보면 유명하다는 것이 자동적으로 부유해진다는 의미는 아니며, 대부분의 경우 가장 높은 가치나 목적도 아니라는 사실을 알 수 있다.

명성을 추구하는 과정에서 자주적 방향 설정은 포기되는 경우가 많고, 많은 셀러브리티들이(예를 들어 에바 가드너, 1990) 자신은 '스타 시스템'의 피해자라며 배역을 얻는 것이 너무나 중요한 환경 속에서 착취당하고 혹사당한다고 말했다. 이번 장 후반에 나오는 인터뷰에서 체이스 마스터슨이 이야기하듯 이러한 환경은 특히 여성들에게 문제가 된다. 그러나 충분히 유명해지면 자주적 방향 설정 능력이나 자기 자신과 다른 사람들에 대한 힘을 회복할 수 있는 가능성이 더 높아진다. 1990년 '블론드 앰비션' 투어에 대한 인터뷰에서 많은 팬들은 마돈나가 자신의 일을 주도적으로 이끌어 나간 것이 그에게 감탄하는 이유라고 밝혔다. 3장에서 인용한 키아누 리브스의 인터뷰를 통해 분명히 알 수 있듯이 성공과 명성을 이룸으로써 그는 자신이 원하는 사업을 실행할 수 있는 자유를 얻었다. 아민 시머만도 유명해짐으로써 어떻게 새로운 배역을 맡을 수 있는 기회가 생겼는지에 대해 말했다.

나는 '스타 트렉: 딥 스페이스 나인'의 출연 배우들에게 자신이 셀러브리티가 된 것을 언제 인식하게 되었는지, 이것이 자신의 삶에는 어떠한 영향을 미쳤는지에 대해 물어보았다.

아민 시머만

아민 시머만은 1994년 '스타 트렉' 컨벤션에서 처음 만났다. 1998년 '스타 트렉' 시리즈의 종영을 앞두고 팬과 셀러브리티에 관련하여 그와 인터뷰했다. 컨벤션을 통해 만난 팬 중에 특히 기억에 남는 팬이 있는지 물어보았다.

> 두 번의 만남이 특히 제 마음속에 깊이 남아 있습니다. 한 번은 휠체어를 탄 젊은 남성이었는데 너무 멋지고 큰 감동을 주었어요. 그 남성을 무대 위로 부를 수 있었는데 꿈을 이룬 듯이 기뻐하는 걸 보니 흐뭇하더라고요. 정말 감

동적이었어요. 또 다른 특별한 기억이 있어요. 쿼크Quark의 바 세트장에서 촬영 중이었는데 이 방음 스튜디오는 연기로 자욱해서 얼굴 바로 앞 손도 간신히 보일까 말까 했죠. 저는 스크립트 코디네이터인 주디 브라운Judi Brown과 같이 서 있었는데 연기 속에서 휠체어를 탄 스티븐 호킹Stephen Hawking 박사와 그 바로 뒤에 릭 버먼Rick Berman이 나타난 거예요. 그 순간 숨이 멎을 것 같았던 기억이 나요. 저는 늘 스티븐 호킹 박사의 열혈 팬이었거든요. 너무 훌륭한 분이라 곁에 있으면 누구라도 주눅이 들 지경이죠. 그런데 그분이 바로 여기 계신 거예요! 특별히 저를 보기 위해 오신 거라고 릭(버먼)이 얘기해 주더라고요.

더 최근에 나는 아민에게 어느 시점에 자신이 셀러브리티라는 사실을 인식하게 되었는지 물었다.

'셀러브리티'라는 뜻이 '널리 알려져 있고 존경받는 상태, (인기 있는) 공인'인데요. 제 자신을 셀러브리티에 대입해 보면 제가 유명 인사라는 데는 동의를 해야겠네요. 제 존재를 세계 여러 곳에서 알고들 있으니까요. 논란의 여지가 있는 부분은 과연 제가 존경을 받는가 하는 것입니다. 불타는 차량에 갇혀 있는 사람들을 구출해 내는 사람은 존경받아야 하죠. 사법 정의를 위해 앞장서는 지도자나 다른 사람들을 변호하는 사람은 존경받아야 해요. 노약자를 보살피는 사람은 존경받아야 합니다. 제가 인기를 누리는 이유가 이 중에 어느 것 하나에도 해당이 안 되고, 저는 대다수의 배우들이 뭔가 특별히 훌륭한 일을 한다고도 생각해 본 적이 없어요. 다만 어떤 연기는 인생을 바꿔 놓기도 하는 것 같아요. 영화나 텔레비전 배우들은 거실의 텔레비전 화면, 잡지, 어두운 극장을 통해 사람들의 환심을 사는 대중적인 기능인이에요. 그러니까 '나는 셀러브리티이다'라고 말하기보다 저는 제가 공인이라는 걸 인식하고 있다고 답하겠어요.

이런 사실을 처음 인식하게 된 건 '미녀와 야수'(1987년부터 1990년까지 방영된 미국 텔레비전 시리즈)에 출연하고 나서 축하 자리인 컨벤션에 처음 참석했을 때였어요. 제가 연기한 파스칼 역에 너무 많은 분들이 분에 넘치도록 큰 관심을 가져 주셨죠. 내가 한 일에 환호하며 박수를 보내는 분들이 행사장을 가득 메우고 있었는데, 이 분들은 내 연기에 대해 굉장한 지식을 갖추고 있을 뿐 아니라 더 알고 싶어 하는 열성적인 분들이에요. 그전에는 공허함 속에서 연기를 했고, 내가 다른 사람들에 어떤 영향을 미치고 있는지 전혀 인식하지 못했어요. 그런데 잉글랜드 버밍엄 행사에서 100명 남짓한 사람들을 만나고 달라진 거죠. 그 뒤로 제가 유명세를 인지하는 여정에서 이정표가 되어 준 사건은 『TV 가이드TV Guide』에 표지 모델로 발탁된 거예요. 어떤 공신력 있는 기관이 내가 사람들 관심을 끌 수 있고 잡지 수천 부를 팔 수 있을 만큼 충분히 인기가 있다(혹은 적어도 '스타 트렉'에서 내 캐릭터가 충분히 인기 있다)고 얘기해 주는 거죠. 제가 인기를 인정하게 된 마지막 근거는 거리에서 사람들이 저를 불러 세우는 경우가 계속 반복적으로 생기는 거예요. 이 세 가지 모두 제가 '널리 알려졌다'고 인식하는 데 중요한 역할을 했어요.

궁정적인 측면은 내가 한 일에 대해서 인정을 받고 어떤 면에서는 환호를 받다 보면 행복해지는 강력한 엔도르핀이 나와요. 어려운 시기를 겪을 때 사람들이 내 연기를 보고 힘을 얻는다는 이야기를 가끔 들어요. 내 인기의 가장 긍정적인 측면이죠. 자기애나 자기 과시가 우글거리는 업계에서 이렇게 고마움을 표시해 주는 분들 덕에 저는 겸손함을 잃지 않고 그동안 해 온 일들에 대해 더욱 감사함을 느끼게 됩니다. 서비스업에 종사하시는 분들이 제가 해 왔던 일을 인정하고 더 많이, 빨리 관심을 가져 주시는 것도 당연히 긍정적 영향입니다. 이제 훨씬 드물어졌지만 과거에는 제 인기 덕분에 오디션 없이 배역을 제안받는 경우도 종종 있었어요. 평가받는 괴로움을 피할 수 있다는 것은 정말 간절히 바라던 일이었어요.

부정적인 측면은 제가 주로 SF 영화에서 인기를 얻었기 때문에 연기에 대한 제 열망이 정해진 틀 속에 갇혀 버린다는 거예요. 제가 오디션 장에 들어섰을 때 누군가 제 연기가 너무 좋다고 얘기를 하는 사람이 있으면 저는 기존의 상징적인 캐릭터에서 벗어난 역할은 따낼 수 없다고 보면 돼요. 그래서 저는 더 미묘하고 극적인 캐릭터에는 아예 고려 대상에서 제외되죠. 제 인기 때문에 저는 그런 류의 캐릭터는 구현할 수 없는 사람으로 인식되어 버리기 때문이에요. 제가 더 젊고 얼굴이 알려지지 않았을 때는 배역 경쟁이 더 수월했어요. 제 뒤에 따라붙은 기존의 수많은 연기가 아니라 제가 오디션 장에서 펼쳐 놓는 것만 가지고 저를 평가했으니까요. 저를 즉시 알아보고 틀 속에 가둬 버리지 않았죠. 캐릭터에 제한을 받는 더 큰 이유는 제가 텔레비전 작품에 주로 출연했기 때문이에요. 텔레비전에서 인기를 얻어 영화 쪽으로 진출하는 배우들에 대해서는 아직도 편견이 있거든요. 한쪽 미디어에서 이룬 성공이 다른 쪽에서는 제 발목을 잡는 거라고 생각해요. 다행히 제 인기를 이용해서 더 많은 연극 제작에 참여할 수 있다는 걸 알았어요. 이쪽에서는 제 인기가 자산이 될 수 있죠.

배역에 제한을 받는 것만큼이나 부정적인 측면은 처음부터 저를 배우로서 알게 되는 사람들을 대하기가 어렵다는 거예요. 자신이 알아볼 수 있는 사람 앞에서 자기 자신에 대해 있는 그대로를 보여 주는 것이 꺼려지면 사람들은 말도 잘 안 하려고 하고 더 부끄러워해요. 반대로 너무 쉽게 사생활을 침해하기도 하죠. 불쑥 다가와서 인사하고 싶어 하는 경우예요. 이럴 때면 저는 매력을 발산하면서 약간 수다스러워져야 해요. 저를 알아봐 주는 친절을 베풀어 주셨으니까요.

셀러브리티가 되고 나서 가족들에게도 영향이 있었는지 물었다.

그럼요. 저는 너무 많은 분야에서 좋은 성과를 내고 있는 보기 드물게 훌륭한 여자와 결혼했어요. 하지만 우리가 새로운 사람들에게 소개되고 그 사람들이 제 직업 때문에 저를 알아보면 키티Kitty는 으레 옆으로 밀려나고 소외되기가 일쑤죠. 곧바로 제가 나서서 아내의 대변자를 자처하지 않으면 '누구의 아내' 혹은 '덜 중요한 배우'로 하찮은 취급을 당해요. 뿐만 아니라 제 성공 때문에 정말 재능 있는 제 아내가 자신의 경력이 저보다 못하다는 생각을 하게 해요. 자신이 보기 드문 훌륭한 배우라는 사실을 아내도 알고, 저도 아내가 해 온 훌륭한 일들을 다 아는데도요. 게다가 저의 이른 성공 때문에 유명인을 형제로 두는 고통을 감당해야 하는 제 동생이 가끔 힘들어 했어요. 형제 간의 경쟁이라는 문제가 표면화되면서 동생은 상대적으로 자신이 부족하다고 느끼게 되었죠. 제 동생과 아내 모두 상대적으로 무시당하는 데 오랫동안 단련이 되었지만 저는 그런 일이 벌어지면 아직도 가슴이 아파요.

시디그 엘 파딜, 알렉산더 시디그

시디그 엘 파딜은 1992년에 '딥 스페이스 나인'에 캐스팅되었다. '스타 트렉'에 고정 캐릭터로 캐스팅된 모든 배우가 그러하듯 그는 하룻밤 사이에 셀러브리티가 되었다. 고정 배역들 중에서 시디그는 경력이 가장 짧았고 미국의 텔레비전 시청자들에게 전혀 알려지지 않은 인물이었다. 그의 삼촌 사디크 알마흐디Sadiq Al Mahdi는 시디그가 네 살 때까지 나고 자란 수단의 축출된 국무총리였다. 어머니와 영국으로 이주한 이후에도 시디그는 지배 계층인 자신의 가족과 계속 연락을 이어 왔다. 그의 어머니와 재혼한 그의 양부 마이클 버켓 경은 영국 상원 의원이었다. 시디그는 '스타 트렉'에 캐스팅되기 전부터 이미 여러 면에서 유명세를 치르고 있었다.

1993년 팬을 주제로 한 졸업 연구 논문을 한창 준비 중일 때 '스타 트렉' 컨벤션에서 나는 시디그를 처음 만났다. 그는 '딥 스페이스 나인'이 방영되는 동안 열한 차례에 걸쳐 광범위한 주제에 관해 인터뷰에 응해 주었다. '딥 스페이스 나인'의 초반 에피소드 몇 편만 방영되었을 때인

1993년 4월 그는 팬이 있다는 것에 대해 처음 이야기했다. 그는 인터뷰를 시작하며 이렇게 말문을 열었다.

> 저는 배우가 될 생각도 없었고, 배우가 됨으로 인해 생겨나는 모든 일이 그냥 평범하게 느껴졌어요. 제 가족 중에 스타가 여럿 있어서 적어도 그분들이 어떤 일을 겪는지 정도는 알고 있으니까요.

방영 초기이던 당시에 시디그는 두세 달에 한 번씩(하루 평균 10~15통) 촬영 장소에 있는 자신의 트레일러로 배달되는 팬레터를 받았다. 많은 편지가 단순히 사인을 해 달라고 요청하는 것이었지만 그중에는 굉장히 사적인 내용의 편지도 있었다. 그런가 하면 시디그에게 여러 가지 질문을 하는 사람들도 있었는데 일부는 '스타 트렉'에서 시디그가 맡은 역할인 의사에게 하는 질문이었다. 시디그는 팬들이 '미친 듯이 열광적'이라는 경고를 이전에 너무 많이 들었기 때문에 첫 번째 컨벤션에 참석해 본 이후에야 대부분의 팬들이 실제로 꽤 정상적이고 평범하게 행동한다는 것을 깨달았다고 말했다.

'스타 트렉' 유니폼을 한껏 차려입었다거나, 온 가족이 '스타 트렉' 유니폼을 입고 나타났다는 이야기를 듣고 있자면 정말 기괴하게 느껴져요! 실제로 보는 것보다 글로 써 놓으면 훨씬 더 기괴한 것 같아요. 왜냐하면 실제로 보면 이 사람들이 상당히 정상적이고 그냥 모여서 재미있게 노는 것이 목적이란 걸 알 수 있으니까요.

시디그에게 『스타로그Starlog』와 했던 인터뷰에 관해 질문했다. 인터뷰에서 그는 '스타 트렉'에서 자신의 배역이 많은 주목을 받을 것이라고 전혀 예상하지 않았다고 말했다.

네, 진짜 그랬어요. 아직도 예상을 잘 못하겠어요. 저는 할리우드와 너무 안 어울리고 할리우드에 있을 법하지도 않고, 어느 모로 보나 이곳의 전형적인 배우가 절대 아니죠. 저는 쉽게 거리를 다닐 수 있고 하루에 두 번 정도 저를 알아보는 사람을 만나요. 제가 원치 않으면 알아보는 사람 없이 거닐 수도 있어요. 아직까지는 짜증이 날 정도는 아니에요.

시디그와 린 어벌조노이스는 팬클럽을 원치 않았던 배우들에 속했다. 시디그는 그 이유를 다음과 같이 말했다.

> 저는 늘 팬클럽이 그저 상품을 구입하는 곳이라고 생각했고, 그게 별로 재미가 없다고 느꼈어요. 오글거리는 칭찬이 전혀 이해가 안 가고 하나도 마음에 안 들었어요.

'딥 스페이스 나인'에 출연했던 다른 여러 배우들뿐 아니라 시디그와 린 어벌조노이스는 팬클럽을 조직함으로써 자선 기금을 모을 수 있는 잠재력이 생긴다는 사실을 깨닫고 공식적인 팬클럽을 갖는 데 동의했다.

1996년 시디그는 지난 1993년에 했던 인터뷰를 떠올리며 이렇게 말했다.

> 제가 직접 경험한 것은 말콤 삼촌이 경험했던 것과는 굉장히 달랐어요. 그도 그럴 것이 저는 외삼촌 정도의 셀러브리티는 아니니까요. 제가 '스타 트렉'의 배우이기 때문에 차이가 생기는 건데 '스타 트렉'은 굉장히 고립되었다는 특성이 있어요. 소동이 정확히 어디에서 일어날지를

알 수 있죠. 어떤 공간에 들어갔는데 '스타 트렉'의 팬 3000명이 있는 거예요. 그 자리만 벗어나면 그 사람들은 더 이상 없죠. 대부분 '스타 트렉' 팬이 아닌 외부의 인파 속으로 흩어져 버리니까요. 관객을 대거 동원한 영화에 출연한 배우들은 어떤 모습으로든 관객에게 노출이 되죠. 저는 팬이 한정적이라 훨씬 더 편해요.

지난번 인터뷰에서 시디그는 "로스앤젤레스라는 도시는 육식이다. 내버려 두면 사람을 잡아먹을 것이다."라고 말했다. 아직도 그렇게 생각하는지 물어보았다.

네, (여전히) 그래요. 내버려 두면 사람을 잡아먹을 거예요. 실제로 남녀 할 것 없이 너무 많은 젊은 배우들이 매일 끔찍한 마약을 과다 복용하고 있어요. 저도 이제 제 자신을 할리우드 배우라고 생각하고 꽤 익숙해졌어요. 하지만 할리우드 배우가 되더라도 꼭 자기가 생각했던 모습의 할리우드 배우가 되지 않을 수도 있다는 걸 깨달았어요… 저는 할리우드 배우라고 하면 자기 과장이 심한 사람, 자기 홍보에 목숨을 거는 사람, 자신을 위해서라기보다는 할리우드 그 자체를 위해 연기를 하는 사람을 떠올리곤 했거든요. 배우가 되는 것과 스타가 되는 것은 다르죠. 그런 쪽에 관심이 있기만 하다면 스타가 되는 일은 명예로운 일이에요. 데미 무어Demi Moore나 아널드 슈워제네거Arnold Schwarzenegger 같은 사람들은 스타가 되기 위해 연기를 하고 그 점에서 대단히 뛰어나기도 해요. 이런 배우들에게 돈이 따르죠. 하지만 연기가 좋아서, 사람들에게 메시지를 전달할 수 있는 효과적인 방법이라고 생각하기 때문에 연기를 하는 또 다른 종류의 배우도 있죠. 수전 서랜든Susan Sarandon이나 팀 로빈스Tim Robbins가 그런 배우에 속해요. 우리가 이야기하고 있는 종류의 배우들 사이의 차이점을 명확히 알 수 있어요. 조금이라도 자기 목소리를 내기 위해서는 최소한의 자기 홍보 차원에서 스타가 되기 위한 경쟁을 할 수 있어야만 해요. 치열한 경쟁에서 빠져나오기 위해서는 먼저 그 속으로 들어가야 하는 거죠. 저는 자기 홍보와 진지한 연기 사이에서 균형을 맞추기 위해 노력하는 배우에 속하는 것 같아요.

시디그는 4년 전 인터뷰 당시보다 유명세 때문에 사생

활을 더 침해당하냐는 질문에 이렇게 답했다. "아니요, 여전히 제가 원하는 건 뭐든 하면서 다닐 수 있어요."

1998년 종영을 앞두고 마지막 인터뷰에서 시디그는 '스타 트렉'과 팬에 대해서 다음과 같이 이야기했다.

> 말 그대로 수천 명의 팬들을 아주 가까이에서 직접 보았어요. 제가 만나는 팬들은 전체 인구의 대표적인 단면을 보여 주죠. 저는 팬들에 대한 좋은 기억들이 있고 팬들이 저를 지켜보는 것처럼 저도 팬들을 지켜봐 왔어요. 우리끼리 여는 사적인 팬클럽 파티에는 엄격하게 짜인 컨벤션 순서나 보디가드 없이 있는 그대로의 제 자신으로 참석할 수 있어서 아주 좋아요. 그렇기 때문에 저는 팬들에 대해 더 알게 되었고 많은 언론에서 팬들에 대해 다루는 것과는 다른 생각을 갖고 있어요.

2018년 초, 시디그는 '스타 트렉'이 종영한 지 20년이 된 지금까지 어떤 경험을 했는지에 관한 몇 가지 질문에 답을 해 주었다. 우선 "언제 자신이 셀러브리티라는 사실을 인식했나요?"라는 질문에는 다음과 같이 답했다.

대답하기 어려운 질문이네요. 저는 본능적으로 가능한 한 스포트라이트를 피하고 싶어 하니까요. 예를 들자면 저는 홍보 담당자를 둔 적이 없어요. 1992년 패러마운트 영화사Paramount Studios에 도착했을 때 제 인생이 어떻게 바뀔 것인지에 대해 조언을 많이 들었는데, 그런 이야기들이 완전히 허풍처럼 들렸어요. 하지만 어느 정도의 관심은 피할 수 없으리라는 사실을 깨달은 순간을 꼽아야 한다면 1990년대에 아들 버스터와 디즈니랜드에 갔을 때일 것 같아요. 긴 줄 중간에 반갑게 끼워 준 것은 둘째 치더라도 미키 마우스를 보러 계단을 내려갔을 때 바로 그 미키 마우스 복장을 한 젊은 남자가 "세상에, 바시르 박사다!"하고 불쑥 떠벌리기 전까지는(그리고 다른 어린애들이 안아 달라며 신통하게도 참을성 있게 차례를 기다리기 전까지는) 실감하지 못했죠.

극소수의 배우들은 어떻게 해도 언론의 관심을 피할 수 없어요. 하지만 대부분은 어떤 식으로든 관심을 받으려고 애를 쓰죠, 당연한 것 같아요. 인지도가 높아질수록 몸값을 더 높이 부를 수 있으니까요. 저 같은 배우들(제 생각에 중간급)은 선택을 할 수가 있어요. 페라리를 몰고 나가서 사람들의 이목을 확실하게 끌거나 소형 도요타를 몰고 나가서 주의를 끌지 않거나 할 수 있죠. 소형차를 탔는데도 사람들의 이목을 끌면 셀러브리티예요. 자신의 위치가 달라졌는지 확실하게 알 수 있는 또 다른 방법은 여행할 때를 보면 돼요. 전에 한 번도 가 본 적이 없는 나라에 도착했는데 마주치는 사람들이 내가 누군지 이미 알고 있는 경우는 많지 않죠. '스타 트렉'은 수십여 개국에 판매가 됐기 때문에 파리에서 아만까지 어디에서건 사람들이 가던 길을 멈추고 인사를 건네죠.

이런 일이 생겼을 때 삶에는 어떤 긍정적인 영향과 부정적인 영향을 미쳤나요?

사람들이 작품을 통해서만 알아보는 경우에 부정적인 영향은 별로 없어요. 가끔 너무 집착하는 사람들이 있는데 제 주변에 접근하기 위해 무슨 일이든 하려고 해요. 이런 분들을 여럿 만났는데(보통 굉장히 어린 소녀들이에요.) 행사에서 저를 보려고 전 세계를 이동하곤 해요. 예를 들어 한 소녀는 엄마에게 친구들 집에 간다고 말해 놓고는 라스

베이거스에서 제가 탄 엘리베이터에 나타난 거예요. 저를 보려고 스페인까지 찾아온 그 소녀와 (그리고 소녀의 어머니와) 이미 같이 시간을 보냈었는데 말이죠. 문제는 아일랜드인인 이 소녀가 틀림없이 거액을 지출했을 거란 말이에요. 이 소녀는 페이스북에 하루에 스무 번씩 글을 남겼는데 이것도 이 소녀를 관리하기 위해 특별히 설정을 해 놓은 거였어요. 결국에는 이 소녀를 완전히 모른 체할 수밖에 없었어요. 또 다른 젊은 여성은 서식스 주에 있는 저희 집에 나타났어요. 네덜란드 분이셨죠.

제가 보기에 사람들은 저를 안다고 생각하는 것 같아요. 어떤 면에서는 그렇기도 해요. 하지만 제가 그 사람들을 모를 뿐만 아니라 별로 친분을 맺고 싶지도 않다는 사실을 납득하기 힘들어 한다는 게 정말 당황스러워요.

제가 대중에게 저의 실제 모습을 더 많이 드러냈더라면 상황이 더 안 좋았을 것 같아요. 한번은 잡지 인터뷰 때문에 기자를 로스앤젤레스에 있는 저희 집으로 불러 집을 배경으로 사진을 찍게 했는데 좋을 게 하나도 없었어요. 인터뷰 이후에 이메일을 받았는데 내용이 인종 차별적이고 위협적이어서 FBI에 넘겨야 할 정도였어요.

긍정적이든 부정적이든 가족들에게는 영향이 있었나요?

한편으로는 제 친숙한 얼굴 때문에 완전히 낯선 사람들과도 아주 쉽게 친한 사이가 될 수 있어요. 영화를 통해서 저를 알게 된 사람들은 저를 친구처럼 대해요. 제 아들에게도 마찬가지예요. 아들은 친구들 중에 제 작품을 지켜보거나 제가 출연한 특정 프로그램이나 영화의 팬이 있다고 거리낌 없이 이야기해요. 길에서 사람들이 다가와 제 연기를 칭찬해 주거나 자신의 인생에 제가 영향을 주었다며 고마움을 표현할 때면 아내나 저와 같이 있는 사람들에게는 좀 감동적일 것 같아요. 환영받는다는 느낌은 항상 근사하죠. 사람들이 알아봐 주고 넘치도록 축하를 받는 친구랑 함께 있다면 저도 기분이 좋을 거예요. 제 자신보다 다른 누군가의 후광을 누리는 것이 확실히 훨씬 더 편하죠.

정말 부정적인 것은 떠오르지 않네요. 사람들이 제가 엄청나게 부자일 거라고 확신하는 게 좀 짜증이 나기는 해요.

가족 중에 유명한 분들을 통해서도 추가적인 경험이 있으셨죠. 배우인 외삼촌 말콤부터 국무총리를 지낸 삼촌, 상원 의원인 양부와 그분의 친구분들까지 계시고요.

말콤 삼촌의 경험은 저와는 달라요. 삼촌은 훨씬 더 빛나는 스타이고 더 조심을 하셔야 하죠. 저와 성격도 굉장히 다르고요. 삼촌은 젊었을 때 누구나 다 아는 배우가 되었고 명성을 활용해 열정적인 삶을 살았죠. 명성이라는 불꽃을 향해 가까이 날아오르면 인생이 얼마나 복잡해질 수 있는지 목격했기 때문에 저는 제 방식대로 살고 있는 것 같아요. 지금 당장 수입이 줄어든다고 해도 이런 삶이 더 좋아요.

국무총리(그의 삼촌 사디크를 가리키며)는 완전히 다른 삶을 살죠. 심지어 관직에서 물러나고 오랜 시간이 지난 후에도 그들에게 안위를 돌보는 일은 다른 무엇보다 중요해요. 사실상 자신의 취약함으로 지어진 수도원에 평생 갇혀 지내는 수녀에 비유할 수 있어요. 펜 한번 휘두르면 사람들 운명을 바꿀 수 있기 때문에 인간관계에 항상 영향을 미치죠.

제 양부는 영국에서 거의 마지막 세습 귀족이에요. 굉장한 업적을 세우신 데 대해 어느 정도 존경을 받는 것은 마땅하지만 제 생각에 아버지는 일부 사람들이 아버지의 작위에 대해 존경을 표하는 것을 즐기기도 했던 것 같아요. 한편으로는 이런 점이 작위의 취지이기도 하지만 영국의 역사와 계급에 관련해서 보면 불편한 면이 있어요. 제 이복형제 톰은 30대의 젊은 남작이에요. '각하'라거나 비슷한 류의 시대에 뒤떨어진 우스운 호칭으로 불리지만 본인은 그냥 톰이라고 부르는 걸 좋아해요.

결론은 제가 알고 있는 대 스타들을 보면 안됐다는 생각이 든다는 거예요. 조지 클루니George Clooney나 맷 데이먼Matt Damon, 영국 왕족이나 수단의 정치인 할 것 없이 모두 한 가지 공통점이 있어요. 일반 사람들처럼 친구를 사귈 수가 없다는 거예요. 완벽하게 낯선 사람들을 만난다거나 서로에 대한 존경과 호감을 바탕으로 관계를 형성할 수가 없어요. 언제나 관계의 균형은 이미 깨진 상태이고 서로를 알아 가는 꼭 필요한 과정이 아예 없을 테니까요. 저는 제가 누군지 전혀 모르는 사람들을 아직도 만날 기회가 있어요. 하지만 인터넷을 뒤지면 서로를 알아가는 자연적인 속도나 균형을 망가뜨리는 데 2~3분도 걸리지 않아요.

체이스 마스터슨

'딥 스페이스 나인' 시즌 3에서 다보 걸 리타Leeta를 연기한 체이스 마스터슨은 인기 있는 조역으로 꾸준히 등장했다. 체이스의 촬영 첫날 남자 스태프들은 그녀를 보기 위해 촬영장에 갈 핑곗거리를 찾았다. 체이스는 굉장히 아름다운 여성이며 리타가 등장하는 부분은 '딥 스페이스 나인'의 스토리 전개상 가장 흥미로운 지점 중 하나였다. 시즌 막바지에 리타는 전통적 기준의 잘생긴 캐릭터들을 마다하고 페렝기 종족인 롬Rom과 결혼함으로써 일종의 '우주의 미녀와 야수' 이야기를 마무리 지었다.

체이스는 스타 트렉 팬클럽과 오랜 인연을 맺고 있는데 이들이 함께한 첫 번째 자선 활동은 로스앤젤레스의 에이즈 감염 어린이를 위한 보육 시설Caring for Babies with Aids을 위한 것이었다. 단순히 기금만 모으는 것이 아니라 직접 가서 아기들을 안아 달래 주고 아이들과 함께 있어 주곤 하는 모습이 인상적이었다. 체이스는 '대중문화 영웅 연합: 괴롭힘을 멈춥시다Pop Culture Hero Coalition: Let's Stop Bullying Together'의 설립자이다. 이 단체의 웹 사이트에서는 다음과 같이 자신들의 임무를 밝히고 있다. "2013년에 설립된 우리 단체는 면세 승인을 받은 비영리 단체로는 최초로 텔레비전, 영화, 만화에 나오는 이야기를 이용하여 괴롭힘, 인종 차별, 여성 혐오, 성 소수자 괴롭힘, 사이버 폭력, 그 외에 다른 여러 형태의 혐오에 맞서는 현실적 영웅주의를 표방한다."

체이스에게 특별히 여성으로서 셀러브리티가 되는 것에 문제가 있었다고 생각하는지 물었다.

> 우리가 미투(#MeToo) 운동을 통해서 보았듯이 폭력적인 상황에 내몰렸던 자신의 경험을 말하기 위해 나선 여성들이 믿기 힘들 정도로 많았잖아요. 어떤 차원에서 보면 우리는 영화에서 영감을 얻어 자신의 잠재력을 최대한 발휘할 수 있고, 영화를 통해 진정한 인간관계, 정의, 진실성, 공감에 대해 생각해 볼 수 있어요. 영화는 만들어진

> 것이지만 영화를 통해 여성들이 성적 모욕에서 실제 폭력에 이르기까지 모든 상황에 시달려 왔다는 사실을 생각해 볼 수 있죠.

미디어의 루키즘lookism, 즉 외모 지상주의·외모 차별주의를 다룬 『무엇이 아름다움을 강요하는가The Beauty Myth』(울프Wolf, 2013)에서 제기된 문제에 대해 물었다.

> 너무나 많은 사람들이 자신의 일을 위해 외모가 가장 중요하다고 믿게 되었지만 잘못된 거예요. 업계에서 천편일률적으로 영구화시키고 있는 거짓말이거든요. 그런 식의 사고방식에 사로잡히기 쉽죠. 그러지 않으려면 외모와 상관없이 자신의 정체성을 찾고 자신만의 정체성과 자의식을 창출해 내야만 해요.

셀러브리티가 되고 나서 부정적인 측면이 있는지 물었다. 체이스는 데뷔 초기에 팬에게 스토킹을 당한 일을 이야기해 주었다.

'딥 스페이스 나인'이 11월에 막을 내리고 난 직후였어요. 같은 해에 일어난 일이에요. 그 일은 너무 끔찍했고 삶이 완전히 바뀔 정도였어요. 어떤 팬이 제 허락도 없이 저를 국제 데이팅 사이트에 등록시킨 거예요. 제 개인 정보를 죄다 올리고요. 그때 너무 끔찍해서 제 삶은 정말 최악이었어요. 고통스러운 상황이 계속됐어요. 결국에는 무력해지더라구요. 무력감에 빠져 있느라 잃어버린 시간을 되찾을 수는 없어요. 그대로 두었다면 계속 비참해졌겠지만, 그럴 수가 없었죠. 그 고통이 이제 제 자신을 치유하고 다른 사람들의 아픔에 더 공감할 수 있는 기회가 됐어요. 우리가 충분히 활용하지는 않지만 여성에게는 자신의 고통을 선한 목적을 위해 이용할 수 있는 놀라운 기회가 주어지곤 해요.

연기를 하는 데 있어서 셀러브리티가 취약해질 수 있는 또 다른 부분이 있다. 다른 배우들도 이야기했듯이 체이스는 캐스팅될 수 있는 배역이 제한적이어서 좌절감을 느낀다고 했다.

> 저는 다보 걸 말고는 다른 배역에 캐스팅될 수가 없었어요… 배역이 고정되는 문제는 많은 배우들이 해결해야 할 숙제예요.

하지만 체이스는 스토킹을 당했던 것과 같은 여러 사건들을 겪으면서, 또 세상의 여러 지역을 돌며 마실 물이 없거나 끔찍한 환경에서 사는 사람들을 보면서 그러한 좌절감을 더 넓은 시각에서 바라보게 되었다고 한다. 세상에는 배우로서 배역이 고정되어 느끼는 좌절감보다 더 심각한 일들이 있다.

체이스는 자신을 만나 자신이 하는 이야기를 듣기 위해 컨벤션을 찾은 팬들에 대해 이야기했다.

> 사람들이 왜 컨벤션에 오는지, 왜 팬들이 '스타 트렉'에 공감하는지 이해하는 것이 중요해요. 그러자면 컨벤션의 핵심으로 다시 돌아가야 해요. 팬들은 '스타 트렉'의 이야기와 캐릭터에 공감하기 때문에 우리를 만나고 싶어 해요. 정말 중요한 건 우리가 아니라 이 이야기들이 지니는 초월성이에요. 이야기가 지니는 인간애와 이야기가 주는

힘을 다시 살펴봐야 해요. 무엇 때문에 팬들이 '스타 트렉'을 좋아하는 걸까요? 무엇 때문에 팬들은 컨벤션에 와서 우리를 만나고 우리의 이야기를 듣고 싶어 하는 걸까요? 배우들 개인 때문이라고 생각한다면 착각하는 거예요. 이야기는 한계를 초월해서 인생을 변화시킬 만한 가치를 지니죠.

체이스는 사람의 내면이 정말 중요하다는 사실을 보여줄 수 있었기 때문에 리타와 롬의 러브 스토리를 연기할 수 있었던 것이 행운이라고 생각했다. "외모야 어떻든 다들 있는 그대로의 자신이 사랑받기를 원하지 않나요?"

체이스는 다음과 같이 이야기를 정리했다.

중요한 건 셀러브리티이기 때문에 우리 인생이 행복해지는 건 아니라는 사실을 깨닫는 거예요. 그래요, 셀러브리티에서 오는 특전이 있기는 하지만 아침에 벌떡 일어나게 만들 만큼은 아니죠. 가장 중요한 건 우정, 가족, 건강, 세상을 더 좋은 곳으로 만들기 위해 우리 개개인이 맡은 임무죠.

린 어벌조노이스

내가 린 어벌조노이스를 실제로 처음 만났던 때가 기억난다. 나와 내 형제는 1993년에 있었던 가장 큰 규모의 '스타 트렉' 컨벤션에 참석 중이었는데, 그에 대해 "정말 멋진 사람이야! 언젠가는 만나고 싶어!"라고 생각했던 것을 기억한다. 여러 해가 지나고 린과 자선 행사에서 함께 일을 하다가 린에게 그때 일화를 이야기해 주었더니 린은 "와, 지금은 제 가장 친한 친구 중 한 사람이네요!"라고 말했다. 린 어벌조노이스라는 친절하고 너그러운 사람을 잘 보여 주는 말이다. 자선 활동을 위한 그의 지칠 줄 모르는 노력은 린의 여러 모습 중에 단연 돋보인다. 린 뿐만 아니라 여기서 인터뷰한 다른 배우들 모두 '스타 트렉'과 시청자의 에너지를 기회로 삼아 자신들이 원하는 자선 활동에 크게 기여할 수 있다고 생각한다. 1994년부터 2003년까지 9년 동안 출연 배우들은 자신의 팬클럽과 협력을 통해 그리고 다른 출연진의 후원을 받아 35만 달러(약 4억 원)를 모금해서 다양한 자선 단체에 기부했다.

린은 '딥 스페이스 나인'에 출연하기 훨씬 전부터 대 스타였다. 1970년 브로드웨이 무대에서 캐서린 헵번Kathryn Hepburn과 뮤지컬 '코코Coco'의 주연을 맡아 토니상을 수상했다. 그 밖에도 린은 토니상 후보에 세 차례 올랐고 브로드웨이의 많은 작품에서 주연을 맡았으며, 좀 더 최근에는 마이클 크로포드Michael Crawford와 함께 '댄스 오브 더 뱀파이어Dance of the Vampire'(2003)에서 주연으로 활약했다. 영화 쪽의 경력도 있다. 린은 '매시Mash'와 '패트리어트The Patriot' 등 다수의 영화에서 비중 있는 배역을 연기했다. '벤슨Benson', '딥 스페이스 나인', '보스턴 리걸Boston Legal' 시리즈의 고정 배역 등 텔레비전 출연작도 수백 편에 이른다.

린에게 자신의 셀러브리티 신분을 언제 처음 인식했는지 물었다. 그는 워싱턴에 있는 아레나 극장에서 연극을 할 때 사람들이 알아보았던 것이 자신이 기억하기로는 최초였다고 말했다. 린이 아내 주디스Judith와 로마에서 여행 중이었는데 연극에서 린을 본 누군가가 다가왔다. 사람들이 다가오고 알아보는 일은 많이 일어나지만 이때가 제일 처음이었을 것이다.

그는 특히 흥미로웠던 일에 대해 이야기했다.

브로드웨이에서 개봉을 앞두고 있는 연극을 준비 중이었어요. 우리는 시내를 벗어나 연습을 했죠. 미하일 바리시니코프Mikhael Baryshnikov가 주연이었어요(카프카의 '변신Metamorphosis', 1989). 노스캐롤라이나에 있는 듀크 대학에서 연습을 마치고 뉴욕으로 돌아가는 공항에서 일이에요. 많은 사람들이 우리에게 다가오기 시작했는데, 그중에 많은 이들이 나를 제일 먼저 알아보았지요. 당시에 나는 전국으로 방송되는 텔레비전 프로그램인 '벤슨'에 출연 중이었기 때문이에요. 바리시니코프는 슈퍼스타인 자신보다 사람들이 나를 더 많이 알아본다는 사실에 정말 재미있어 했고, 즐거워했어요. 텔레비전의 힘이죠. 우리가 만약 뉴욕 시에 있었더라면 모두가 바리시니코프를 알아보았겠지만 노스캐롤라이나에서는 내가 더 인지도가 높았어요.

실제로 공항에서 사람들이 린에게 다가오곤 하는데 정작 이들은 린이 낯이 익거나 분명히 어디선가 알게 된 사람이라고 생각한다. 린은 자신을 성격파 배우라고 지칭하는데, 그러한 이유로 그의 얼굴은 사람들에게 잘 알려져 있지만 사람들은 린의 이름을 기억하지는 못한다. 어디서 만났는지 기억을 떠올리려고 애를 쓰다가 계속 아는 사람이라고 우기는 사람들에게 린은 텔레비전에 출연했다고 말해 준다. 그제서야 불현듯 기억이 나고 작품 속의 린을 알아보게 되는 것이다. 린에 따르면 그는 '슈퍼스타'는 아니기 때문에 그러한 일이 횟수가 잦거나 사생활을 침해할 정도는 아니다. 린은 사람들이 와서 자신의 작품을 좋아한다고 얘기할 때 대부분의 경우 흐뭇하다고 말했다.

셀러브리티이기 때문에 부정적인 일이나 어려운 점이 있는지에 대한 질문에 린은 이렇게 대답했다.

> 내 친구 중에는 예를 들어 '해피 데이즈Happy Days'에서 폰즈Fonz 역으로 돌풍을 일으켰던 헨리 윙클러Henry Winkler처럼 엄청난 셀러브리티가 많습니다. 리차드 드레이퓨즈Richard Dreyfuss와도 작업을 해 봤고요. 그 친구가 아카데미상을 수상했을 때도 같은 작품을 하고 있었죠. ('굿바이 걸The Goodbye Girl', 1978). 그래서 나는 그런 정도의 셀러브리티가 겪는 곤란한 상황을 아주 잘 알고 있죠. 슈퍼마켓에 가거나 외식도 못해요. 사람들이 계속 다가오고 사적인

공간으로 침범해 오니까요. 실제로 나는 그 정도까지 곤란을 겪은 적은 없어요. 기억해 보니 '벤슨'에 출연 중일 때였는데 여기 뉴욕 시에서 아들을 데리고(아마 열 살 때였을 거예요) 식당에 밥을 먹으러 간 적이 한번 있었어요. 어떤 남성이 다가오더니 같은 테이블에 앉고 싶어서 우리 공간을 침범하려는 거예요. 정중하게 아들과 단둘이 시간을 보내는 중이라고 얘기를 했더니 가더군요. 아들이 아는 사람이냐고 물어서 "아니"라고 말했죠… 전혀 모르는 사람이 다가와서는 아는 사람처럼 행동하니까 아들이 불안해 했어요.

브로드웨이 무대에 서는 것과 쟁쟁한 스타들이 공연 후에 나와서 사인회를 갖거나 셀카를 함께 찍을 수 있도록 포즈를 취하는 것 등 지금의 추세에 대해 이야기를 나누었다. 린은 과거를 회상하며 캐서린 헵번의 경우 어떻게 자신과 자신의 사생활을 지켰는지, 당시에는 지금과 같은 식으로 대중과의 소통이나 사인회를 하지 않은 것에 대해 말했다. 관객 수가 2000명 혹은 그 이하인, 보다 친밀한 환경에서 공연할 수 있는 기회가 주어지면 배우는 관객들과 더 깊은 공감대를 형성할 수 있고 공연 후에도 친밀한 경험을 함께 나눌 수 있다. 이런 경험이 있는 배우들이 사인회를 여는 것은 관객과의 교감에 대한 화답이다. 하지만 제이크 질렌할Jake Gyllenhaal, 조시 그로반Josh Groban, 휴 잭맨Hugh Jackman 등과 같은 거물급 배우들과는 이렇게 교감하기가 어렵다. 비슷한 맥락에서 린은 최근 나나 비지터Nana Visitor와 함께 낭독회를 개최했던 크루즈 여행, 존 드 랜시John De Lancie가 제작한 가상 라디오 프로그램에 대해 이야기했다. 린은 가까이 다가와서 "작품 재미있게 보고 있어요."라고 말하는 모든 팬들이 좋지만 그중에서도 "지난밤에 드 랜시의 라디오 프로그램 '스코프스Scopes'에 나오신 거 봤어요." 라고 말하는 팬들을 특히 환영한다고 말했다. 방금 자신의 작품을 본 관객과 친밀하게 교감할 수 있는 기회가 되기 때문이다.

실제로 '스타 트렉' 컨벤션은 텔레비전 시청자들의 이야기를 들을 수 있는 흔치 않은 기회이다.

> '스타 트렉'이 방영되기 시작했을 때 컨벤션 등과 같은 환경에서 직접 팬들을 만날 수 있었어요. 텔레비전과 영화

에서 연기를 할 때는 관객이 익명의 존재이지만 자신을 응원해 주는 관객을 실제로 마주함으로써 배우들은 팬들과 더욱 깊이 교감할 수 있는 계기가 되죠.

린은 셀러브리티를 실감하는 데 있어 장소가 큰 영향을 미치는지에 대해 이렇게 이야기했다.

셀러브리티를 어떻게 대하는지는 어느 장소에 있는지와도 관계가 있어요. 뉴욕 시나 할리우드에 있으면, 주요 엔터테인먼트의 중심지에서 마주치는 대부분의 시민들은 (관광객을 제외하고) 자신들이 셀러브리티가 많은 도시에 살고 있다는 사실을 받아들여요. 내가 뉴욕 시를 거닐고 있으면 사람들은 나를 알아보고 알은 척도 하고 엄지손가락을 들어 올리거나 격려의 표시를 해 주기는 하지만 교감하려고 시도하지는 않아요. 자신들이 셀러브리티들이 거주하고 활동하는 대도시에 살고 있다는 사실을 받아들이고 셀러브리티에게 자유를 더 주죠. 반대로 어딘가 작은 도시에 있을 때는 눈 깜짝할 사이에 열다섯 명의 사람들이 주위에 죽 늘어서죠. 셀러브리티를 알아보는 사람이 한 사람만 있으면 근처에 있는 모든 사람에게 메시지를 보내서 알려주기 때문이에요.

소셜 미디어와 인터넷이 팬과 셀러브리티의 교감에 어떤 영향을 미칠지에 대해 이야기를 나누었다.

트위터에서 나를 팔로우하는 분들에게 책임감을 느껴요. 팔로워들이 실제 사람이란 걸 너무 잘 알기 때문에 책임감을 느껴요. 트위터를 그만두게 되면 그분들에게 이야기를 할 거예요. 팔로워 수가 압도적이지는 않기 때문에 트위터를 통해서 팬들과 소통할 수 있어요. 내가 비욘세였다면 못 했겠죠. 팔로워가 너무 많을 테니까요.

린이 팬과 소통하는 방식 중 하나는 그의 팬클럽 운영자인 마거리트 크라우제Marguerite Krause의 웹 사이트를 이용하는 것이다. 운영자가 하는 일 중에 하나는 팬들의 질문이 충분히 모이면 취합해서 린에게 보내는 것이다. 그러면 린은 답을 보낸다. 팬들이 셀러브리티에게 질문을 할 수 있는 새로운 수단인 인터넷은 15~20년 전에는 존재하지 않았다.

소셜 미디어가 새롭게 강조되다 보니 린의 친구 중 한 명의 경우처럼 부정적인 측면도 있다. 린의 친구는 어떤 배역을 맡고 싶어 했는데 그 프로그램의 제작자가 큰 관심을 보였지만 텔레비전 방송국에서 이 사람은 트위터 팔로워 수가 부족해서 안 되겠다고 결론을 내렸다. 하지만 긍정적 측면도 있다. 린의 아들 레미Remy가 자신이 만든 영화('블러드 스트라이프Blood Stripe')를 홍보하려고 했을 때 7만 7000명이 넘는 린의 팔로워가 트위터상에서 홍보에 많은 도움이 되어 주었다.

린은 이렇게 말하면서 우리 인터뷰를 마무리했다. "셀러브리티는 다양한 측면이 있어요. 카다시안과 크리스토퍼 플러머Christopher Plummer를 비교한다면 사과와 오렌지를 비교하는 것과 같다고 할 수 있어요."

아론 아이젠버그

아론 아이젠버그Aron Eisenberg는 '딥 스페이스 나인'을 통해 셀러브리티가 되었다. (내가 아론에게 지적한 바와 같이) 미국

인구 중 스스로를 '스타 트렉' 팬이라고 규정하는 비율(한 조사에 따르면 54%)이 높지만 아론은 자신이 정말 셀러브리티라든가 굉장히 유명하다고 생각하지 않는다고 말했다. 아론이 '스타 트렉'에서 유명해진 데에는 그가 화면에 등장할 때마다 쓰고 있던 분장용 마스크가 한몫했다. (그가 페렝기 마스크를 쓰지 않고 출연한 것은 총 47개의 에피소드 중에서 단 한 편뿐이었다.) 아론은 거대한 '스타 트렉' 컨벤션 행사장을 활보하고 다녀도 많은 사람들이 자신을 알아보지 못한다고 했다. 물론 아론이 컨벤션 무대에 등장했을 때나 아론의 사인과 사진을 얻기 위해 길게 줄을 선 팬들 중에는 그를 알아보는 사람들도 많다.

또한 아론은 트위터와 페이스북 등 소셜 미디어 활동도 하고 '스타 트렉 보이저Star Trek Voyager'의 개릿 왕Garrett Wang과 함께 인터넷 토크 쇼 '알파 분면The Alpha Quadrant'의 공동 진행도 맡고 있다. 아론은 '스타 트렉' 컨벤션이라는 세계에서 셀러브리티로서 그의 위치는 '스타 트렉'에서의 연기 못지않게 팬들 곁으로 친근하게 다가가려는 자신의 노력 때문에 얻어진 것 같다고 말했다. 그의 말이 맞는 것 같다. 나는 라스베이거스에서 열린 대규모 '스타 트렉' 컨벤션에서 아론을 여러 번 만났는데 그때마다 그는 팬들과 이야기를 나누거나 자신의 사진에 사인을 해서 판매하고 있었다. 아론은 사진 사업을 병행하고 있는데, 예술적 감각이 뛰어난 그의 사진은 매우 특별하다.

아론이 셀러브리티로서 경험했던 여러 흥미로운 일들 중에는 2015년에 있었던 일도 있다. 아론은 십 대 때 신장 이식을 받았는데 2015년에 이식 받은 신장이 기능을 멈추었기 때문에 또 다른 기증자를 찾아야 했다. 이를 두고 아론은 이렇게 말했다.

> 신장 이식 수술 때 제가 받을 수 있었던 그 모든 사랑과 금전적인 도움을 보세요. 모두 '스타 트렉' 덕분이죠. 내가 뭘 할 수 있었을지 모르겠어요. 너무 순식간에 벌어진 일이라 계획을 세울 수도 없었어요. 모든 분들의 도움이 없었다면 내가 뭘 할 수 있었을지 모르겠어요.

아론이 갑자기 이식 수술을 받아야 했을 때 그를 돕기 위해 팬들이 자선기금 모음 사이트인 고펀드미gofundme 계정을 통해 기부했던 사실을 이야기하고 있는 것이다. 신장

기증자는 소중한 팬이자 친구였다.

계속해서 아론은 셀러브리티로서 자신의 경험을 이야기해 주었다.

> 전체적 맥락에서 저는 제가 셀러브리티라고 생각하지 않아요. 사람들이 녹Nog을 연기한 사람인 저를 만나는 걸 반가워하기 때문에 어느 정도는 유명한 것 같기는 해요. 그래서 제가 좁은 의미에서 셀러브리티라고 소개되고 있고요. 하지만 저는 제 자신이 노동자 계층의 배우에 더 가깝다고 봐요. 프로그램에 출연하지 않을 때는 종업원 일을 했어요. 제가 하고 싶은 연기를 자유롭게 하기 위해 배우로서 일이 없을 때마다 사업도 하고 아르바이트도 해서 수입을 유지하죠. '스타 트렉' 세계의 일원이 되다니 정말 복 받은 것이긴 한데 여기만 벗어나면 사람들은 제가 누군지 정말 몰라요. 컨벤션에서는 제가 사교적이기 때문에 알아보는 사람이 많죠. 한 번도 셀러브리티가 되는 것에 크게 마음을 두었던 적은 없지만 사람들이 제 일을 좋아해 주면 정말 좋아요.
>
> 대부분의 배우들은 기복이 있는 삶을 살죠. 우리는 거

의가 노동자 계층 출신이고 생활비를 벌기 위해 연기 이외의 일을 병행하죠. 대중들 의식 속에 일단 셀러브리티라고 인식되면 사람들은 우리를 '할리우드의 엘리트 계층'이라고 생각하는데 절대 그렇지가 않거든요. 또 어떤 사람들은 '할리우드 배우'라고 하면 어느 정도는 그런 면이 있을 거라고 생각을 하고 어떤 사람일 거라는 선입견을 가져 버리죠.

소셜 미디어에 논란이 될 만한 정치적 견해를 내놓은 것 때문에 어떤 식으로라도 부정적인 관심을 받았는지에 대해서도 물었다.

정치적으로 논란이 된다고 해서 제게 전혀 해가 되는 것 같지는 않아요. 트위터 팔로워 수가 늘긴 했죠. 저를 팔로우하는 사람들은 제 견해에 동조하는 사람들이 대부분인 것 같긴 하지만 그렇지 않은 사람들 중에도 꿋꿋이 팔로우하는 사람들이 적으나마 있고요. 모두 제가 '스타 트렉' 셀러브리티이기 때문에 가능한 일이죠. 사람들은 키보드 워리어예요… 어떤 영향을 초래할지에 대한 두려움 없이

하고 싶은 말을 다 하죠. 그렇기 때문에 의견이 다른 사람들이 폭언을 늘어놓을 가능성이 더 높아지고요. 그래서 대응이 필요한 거죠.

앤드류 로빈슨

셀러브리티는 때로는 부와 명성을 주지만 시련과 고통도 안겨 줄 수 있는 양날의 검이다. 이를 가장 잘 보여 주는 예는 나의 좋은 친구 앤드류 로빈슨Andrew Robinson이 직접 들려준, 또 그의 글을 통해 읽은 이야기들이다. '딥 스페이스 나인'이 처음 방영되었을 때 지금까지 '스타 트렉'에서 가장 흡입력 있는 캐릭터는 내가 보기에 카다시아의 재단사인 개랙Garak이었다. 개랙은 카다시아인의 마스크에 담긴 복잡한 인물이다. 그 마스크를 쓴다는 건 인내와 관용을 발휘한다는 의미이다('스타 트렉'에서 그 마스크를 썼던 나의 모든 배우 친구들에게도 그랬듯이). 앤디가 '스타 트렉'에 캐스팅되었을 때 그는 이미 미국 영화와 텔레비전에서 잘 알려진 얼굴이었다. 클린트 이스트우드Clint Eastwood가 주연을 맡기도 한 영화 '더티 해리'에서 그가 맡은 첫 상징적 배역은 인생이 바뀔 만한 경험이었고, 그 결과 앤디는 삶과 일 모두에서 완전히 새로운 길을 걷게 된다. 앤디는 영화에서 연쇄살인마 스콜피오를 연기했는데 당시 그의 에이전트는 앤디의 연기를 보고 그가 대 스타가 될 것이라고 그에게 말했다. 앤디는 그 일에 대해서 다음과 같이 말했다(로빈슨, 2015).

> 나는 입에 발린 소리를 하는 사람들이 보내오는 갑작스럽고 따뜻한 관심에 기꺼이 굴복했고, 에너지 넘치고 충직한 나의 뉴욕 에이전트 빌리 반스Billy Barnes를 버리고 윌리엄 모리스William Morris의 LA 지사와 계약을 하는 과정에서 훌륭한 인성을 보여 주지 못했다. 스타가 될 것이라는 기대는 내 모든 고통을 치유해 줄 기적의 약을 찾은 것과도 같았다… 나는 에이전트를 바꾸고 갑자기 중요한 사람이라도 된 것처럼 행동했다.
>
> (p. 255)

월터 매튜Walter Matthau와 공동 주연을 맡은 '돌파구Charley Varrick'가 그의 두 번째 대표작이다. "이제는 이것이

나의 삶이라며 나는 나의 불안함을 성공한 사람의 오만함으로 덮어 버렸다"(p.255). 이 영화는 멋진 경험이었지만 그 이후 절망스럽게도 계속해서 원하는 배역을 놓치고 결국 사악한 악역만 제한적으로 맡게 된다는 사실을 깨달았다. 이렇게 정형화된 이미지를 벗어난 배역을 맡기가 너무 힘들었기 때문에 그는 결국 얼마간 연기를 아예 하지 않았다. 사람들이 그를 '더티 해리'에 나오는 스콜피오라고 인식했기 때문에 그를 피해 가려고 길을 건너가 버리거나 곧장 그에게 다가와서 꿈에 나올까 무섭다고 말하는 일을 많이 당했다. 이루 말할 수 없이 의기소침해지는 시간이었다.

다른 일들을 찾아다니기도 하고 그동안 있었던 모든 일을 되돌아보는 시간을 가진 후 그는 배우로서 새로운 정체성을 가지고 다시 연기에 임했다. 주인공의 일대기를 그린 텔레비전 영화 '리버라치Liberace' 등에서 다수의 흥미로운 역을 계속 맡았다. 이렇게 수년간 연극은 물론 텔레비전과 영화에서 활동한 후 '스타 트렉'에 출연하게 되었다. 재능 있는 연출자이기도 한 앤디는 할리우드에 있는 매트릭스 극장의 연출자로서 공로를 인정받아 로스앤젤레스 드라마 비평 협회Los Angeles Drama Critics' Circle 상을 수상했다. 하지만 그가 연기한 수많은 배역 중에서 아직까지도 '더티 해리'에서 맡은 배역으로 그를 알아보는 사람들이 가장 많은 것이 사실이다.

책의 마지막에서 앤디는 "어떻게 하면 연기를 잘할 수 있을지를 배우는 것은 진실하고 의식 있는 삶을 사는 것만큼이나 힘든 일이다"(p. 280)라고 말한다. '딥 스페이스 나인'이 막을 내리고 몇 년이 지난 후에 앤디는 서던 캘리포니아 대학교University of Southern California에서 예술 석사 과정을 지도하며 대학교수로서 새로운 경력을 쌓기 시작했다. 앤디는 서던 캘리포니아 대학교뿐 아니라 그보다 몇 년 앞서 여름 캠프에 참가한 십 대들을 대상으로 자신이 기획한 워크숍에서 어린 학생들에게 연기라는 직업에 대해 가르쳤다. 이때의 경험은 '더티 해리' 이후 힘들었던 시절을 겪고 난 뒤 앤디가 자신의 길을 되찾는 과정의 일부이기도 했다. 앤디는 자신의 책에서 배우라는 직업과 관련해 '초심자의 마음'을 잃지 않는 것이 중요하다고 자주 이야기한다. 그 이야기가 담고 있는 의미를 학생들에게 전달하는 것이 앤디의 인생과 일에서 중요한 부분을 차지하게 되었다.

앞 장에서 다룬 가치 기준을 다시 살펴보면, 셀러브리티로서 인정받기 위해 짧게 방황했던 기간을 제외하면 앤디에게 평생의 가치 기준은 자주적 방향 설정, 자극, 박애, 보편주의였다. 앤디는 '딥 스페이스 나인'의 배우들 중 우리가 주최했던 자선 활동에 가장 열성적으로 참여한 배우 중 한 명이었다. 그는 우리가 기금을 모아서 전달했던 자선 단체 중 하나인 세이브 더 칠드런Save the Children에 평생에 걸친 열정을 가지고 있다.

결론

다양한 배우들이 제시한 소재를 통해 다양한 주제가 나왔다. 단연 돋보이는 주제는 유명세가 다양한 수준에서 생겨난다는 점이다. 시디그는 자신을 '중간급 배우인 것 같다'고 지칭한 반면 린은 자신을 '성격파' 배우로, 아론은 '노동자 계층 배우'로 지칭했다. 아민은 자신이 '공인'인 것은 인정하지만 '셀러브리티'라는 용어는 아예 받아들이지 않으려 했다. 앤디는 자서전에서 '거물급 인사들의 클럽Giant People's Club'에 속하는 것에 대해 이야기한다. '더티 해리' 이후 (그의 에이전트에 의해) 그러한 신분을 취득했다고 자신했지만 첫 두 편의 영화가 큰 성공을 거둔 뒤로 확실해 보였던 배역들을 거듭 놓치게 되자 앤디는 낙담했다.

체이스, 아민, 시디그는 '스타 트렉' 이후에, 앤디는 '더티 해리' 이후에 똑같은 성격의 배역에만 캐스팅되는 직업적 문제를 겪었다. 내가 참석했던 많은 컨벤션에서 '스타 트렉' 세계의 다른 배우들도 이와 같은 문제를 겪고 있다고 이야기했다. 시디그는 '딥 스페이스 나인' 종영 후 영화 쪽에서 경력을 쌓았다. 그는 영화 '버티칼 리미트The Vertical Limit'의 출연 제의를 받아들였는데, 그의 말에 따르면 '스타 트렉' 출연 경력 덕분이 아니라 '스타 트렉' 출연 경력에도 불구하고 이 역할을 얻었고, 이 기회를 거절하면 다시 메이저 급 영화에 출연할 수 있을지 확신이 서지 않았다고 한다. 여기서 시사하는 바는 한 가지 장르에서만 활동하면 다른 배역을 맡기가 점점 더 어려워진다는 것이다. 최근 인터뷰에서 휴 잭맨은 오스트레일리아에서 처음 일을 시작했을 때 꽤 여러 편의 뮤지컬에 출연했지만 한때 뮤지컬을 중단해야 했다고 말했다. 일반 작품에서 배역을 맡기가 어려웠기 때문이었다. 영화배우로 크게 성공한 후 그는 최근 뮤지컬에 복귀했지만 그전에는 뮤지컬은 엄두조차 낼 수 없을 때가 있었다(www.youtube.com/watch?v=UEt5Jjkjl2w).

단순히 전국 텔레비전 방송에 출연한다고 해서 다른 사람들이 자신들을 부유하다거나 '할리우드 엘리트 계층'이라고 단정해 버리는 것은 불쾌하다고 말하는 배우가 많았다. 인터뷰에 응한 배우들은 무대에서든 화면에서든 모두 자신의 일에 열심이고 우수한 연기를 위해 헌신하는 사람들이다. 시디그는 자신이 생각하는 전형적인 할리우드 배우에 대해 이렇게 이야기했다. "할리우드 배우가 되더라도 꼭 자기가 생각했던 모습의 할리우드 배우가 되지 않을 수도 있다는 걸 깨달았어요… 저는 할리우드 배우 하면 자기과장이 심한 사람, 자기 홍보에 목숨을 거는 사람을 떠올리곤 했거든요." 이러한 이미지는 많은 사람들이 셀러브리티에 대해, 특히 할리우드 셀러브리티에 대해 생각할 때 떠올리는 전형적인 이미지로 보인다. 이번 연구에서 인터뷰를 했거나 내가 알고 있는 다른 셀러브리티들 중 어느 누구도 이 전형적인 이미지에 부합하지 않는다. 일부 사람들이 이 전형적인 이미지와 들어맞는다 하더라도 셀러브리티의 상류층에 대해 먼저 이해할 필요가 있다. 슈퍼스타 셀러브리티에 대한 정형화된 이미지는 널리 퍼져 있다. 그로 인한 피해의 심각성을 인식하고 있는 린은 바리시니코프에 대한 이야기를 할 때 겸손하고 아주 멋진 친구라고 힘주어 말했다.

우리는 텔레비전에 나오는 사람들을 우리의 일상생활에서 알고 지내는 사람처럼 친근하게 느낀다. 우리는 그들을 알지만 그들은 우리를 알지 못한다는 사실을 기억하지 못한다. 사람들이 공항에서 린을 보면 서로 아는 사이라고 생각한다는 린의 경험이 이 같은 사실을 보여 준다. "누군가 화면을 통해서 나를 알게 되면 나를 친구처럼 대한다"는 시디그의 이야기를 통해서도 알 수 있다. 시디그는 그렇기 때문에 셀러브리티가 "일반 사람들처럼 친구를 사귈 수 없다"고도 말했다. 영화나 텔레비전을 통해서 알려진다는 것은 셀러브리티의 인생에 있어 복잡한 문제이다.

시청자들이 배우 자신과 배우가 연기한 캐릭터를 구분하기 힘들어 하는 것 또한 비슷한 문제이다. 시디그는 자신이 텔레비전에서 의사 연기를 하는 것이 아니라 진짜 의사인 것처럼 사람들이 자신에게 편지를 쓴다고 말했다. 셀러브리티가 인간관계를 맺으려고 할 때 겪는 문제도 이와 비슷하다. 상대에게 있는 그대로의 자신으로 인식되지 못한다. 에바 가드너는 이렇게 말했다.

> 리타 헤이워스Rita Hayworth는 남자들이 사랑에 빠진 건 자기가 연기한 가장 매력적인 배역인 길다Gilda인데 다음 날 아침에 헤이워스와 함께 깨어나는 것이 자기 인생의 문제라고 말한 적이 있다. 내가 전적으로 공감할 수 있는 감정이다. 나는 언제나 내가 가진 이미지의 감옥에 갇혀 사는 기분이었다. 사람들이 그 허구의 인물만을 더 좋아하고 실제 내 이야기는 아예 듣고 싶어 하지 않는 것 같다.
>
> 가드너(1990, p. 114)

아민이 스티븐 호킹을 만났을 때의 경험을 통해 셀러브리티 자신도 팬이 될 수 있다는 사실을 명확하게 알 수 있다. 조시 그로반은 폴 사이먼Paul Simon과 존 윌리엄스John Williams 같이 자신의 어린 시절 우상과 함께 일을 하게 된 것에 대해 이야기했다. 우리가 미디어를 통해 '만나는' 사람들, 그리고 우리 문화에서 상징적 위치에 있는 사람들은 우리 모두에게 영향을 미친다는 사실을 그의 인터뷰에서도 알 수 있다.

아서 밀러(2013)가 "그렇게 높아진 인지도는 오만함이라는 흔적을 남긴다"(p. 193)라고 한 말이 머리에서 계속 맴돈다. 명성이 높아진 사람은 오만함이 자리 잡지 않도록 상당한 노력을 기울여야 하는 것 같다(앤디가 '더티 해리' 이후에 애를 쓴 것처럼). 하지만 내가 경험한 바로는 대 스타 주위에서 그들을 위해 일하는, 대중에게서 그들을 '보호'하는 사람들이야말로 자신의 중요성을 더 부풀려서 생각할 가능성이 높은 것 같다. 오만해 보이는 사람은 마이클 잭슨이 아니었다(나는 그와 여러 차례 소통했다). 오히려 그를 위해 일하는 대부분의 사람들이 자신들이 남들보다 잘났고 잭슨과의 친분이나 그에게 고용된 사실 때문에 자신들이 중요하다고 생각했다. 뿐만 아니라 다른 모든 사람들의 접근을 열심히 차단함으로써 셀러브리티의 영향권 안에서 자신들의 위치를 사수하기 위해 굉장히 애를 쓴다. 잭슨과 같은 대 스타를 위해 일하는 많은 사람들은 '그들의' 스타에 접근하는 것을 차단하려 든다. 나는 마이클 잭슨의 팬들에 관한 내 졸업 논문을 잭슨과 그의 직원들과 공유했다. 잭슨 자신은 내 연구에 큰 관심을 보이며 다양한 문제에 대해 많은 질문을 했다. 그러나 문지기들, 즉 잭슨 밑에서 일하는 사람들은 내가 그들의 자리를 노린다거나 그들이 어떻게 팬들을 이용해 먹는지(이러한 팬덤에서는 자주 발생하는 일임을 알게 되었다)를 폭로하려 한다고 확신했다. 그저 순수한 목적으로 내 연구를 공유하고자 했다는 것은 그들에게는 생각조차 할 수 없는 일이었다.

그 시기(1989년부터 1992년까지)에 내가 만난 잭슨의 모든 직원들이 '내 불순한 계획'을 파악하려고 애쓴다는 사실을 알게 되니 연예 사업에 대한 어떤 새로운 사실이 눈에 들어왔다. 내가 노리는 것은 무엇이었을까? 가치 기준에 대해 생각해 보았을 때, 박애 및 보편주의와 결부된 성취감이 내가 추구하는 가치 기준이라는 사실은 이들 중 한 사람을 제외하고는 어느 누구도 생각해 내지 못하는 것으로 보였다. 나는 심화 단계의 학위를 준비하는 중이었고 그 과정에서 다른 누군가를 도울 수 있다면 왜 마다하겠는가? 잭슨이 고용한 많은 사람들 중에서 유일하게 그 의미를 '이해'하고 나를 친절하고 다정하게 대해 준 사람은 잭슨의 보안 담당 책임자인 빌 브레이Bill Bray였다. 우리는 여러 차례 회의를 통해 내가 진행하는 연구에 대해 논의했고, 내 논문의 주제인 팬덤을 이끄는 동기가 무엇인지에 대한 통찰력을 얻기 위해 노력했다.

앤디 로빈슨이 '더티 해리' 이후에 경험했던 것과 같은 명성의 부정적 측면은 내가 직접적으로 많이 경험하지도 않았고, 그에 대한 글을 많이 보지도 못했다. 사람들이 두려워하거나 사람들을 불안하게 만드는 배역을 연기한 사람은 이런 부정적 관심의 대상이 될 가능성이 있다. 사회과학 분야에서 이와 같은 사실에 대해 훨씬 더 많은 연구가 이루어져야 하겠다.

요약하면 슈퍼스타 셀러브리티가 되면 인생이 매우 힘들어지는 것으로 보인다. 미디어가 친밀한 사이라는 착각을 만들어 냄으로 인해 사생활을 침해하고 일부 대중은 자신들이 전혀 알지 못하는 사람들의 공간에 침입한다. 메릴린 먼로의 남편 아서 밀러(2013)는 그러한 삶이 지니는 극단적인 어려움을 잘 알고 있었다.

> 메릴린 정도의 유명 영화배우는 분명히 더 이상 사람이 아니다. 초자연적 존재를 소환하지 않고는 그녀가 어떤 존재인지를 규정하기가 어렵다. 대중의 상상 속에 존재

> 하는 일종의 동경의 대상이며 그런 의미에서 신과 같은 존재이다.
>
> (p. 428)

아서 밀러는 메릴린 먼로의 팬레터에 대해 이야기하면서 분뇨가 담긴 통부터 고통 속에서 꺼내 주겠다는 제안에 이르기까지 정말 이상한 것들을 많이 받곤 했다고 말했다.

> 대략 15% 정도(편지를 보내는 사람 중)는 정말 제정신이 아니었다… 메릴린은 그 많은 편지를 볼 수 있을 만한 마음의 평화가 거의 없었다(p. 428). 메릴린과 데이트하는 것은 중대한 군수 물자 수송 작전과 같았다.
>
> (p. 434)

자신의 유명세 때문에 메릴린의 인생이 점점 더 힘들어지는 것에 대해 아서 밀러는 "그녀는 메릴린 먼로였다. 그리고 그 사실 때문에 그녀는 죽어 가고 있었다"(p. 483)고 말했다. 1962년 메릴린은 신경 안정제 과다 복용으로 쓰러졌고 자신의 셀러브리티 신분 때문에 그녀의 짧은 삶은 비극적 결말을 맞았다. 대 스타라고 모두 그러한 죽음을 맞는 것은 아니지만 그 정도의 명성은 분명 사람을 위험에 몰아넣는 것으로 보인다.

반면 이번 연구에서 인터뷰했던 셀러브리티들 같은 경우는 셀러브리티로서의 삶에서 긍정적인 측면이 부정적인 측면을 앞지를 정도만큼의 명성을 이룬 것으로 보인다.

05

셀러브리티와 팬

셀러브리티의 영향력은 어디에나 존재하기 때문에 셀러브리티를 가까이하지 않고도 이 주제를 연구하기는 쉬운 일이다. 하지만 셀러브리티가 행사하는 문화적 영향력의 정도를 무턱대고 가정해서는 안 된다(콜드리, 2004; 드리센, 2013). 학자들은 언제나 '상아탑' 안에 앉아 쉽게 여러 가지 것들을 이론화할 수 있다. 30년간의 팬에 관한 현장 연구에서 좋았던 점은 내가 셀러브리티의 영향을 단지 이론으로만 제시하지 않을 수 있었다는 점이다. 이와 관련해서 나는 많은 상황을 직접 눈으로 보고 경험했다. 이번 5장의 뒷부분에서 팬에 관한 현장 연구를 통해 얻은 경험을 간략하게 설명할 것이다.

준 사회적 관계

준 사회적이라는 용어에 대한 많은 오해가 있다. 공식적인 정의에 따르면 준 사회적 관계는 화답을 받지 못하는 관계나 일방적인 관계를 의미한다. 나는 그 셀러브리티를 알지만 상대는 나를 알지 못하는 것이다. 준 사회적 상호 작용에서는 나에게 응답하지 않는 누군가와 상호 교류를 한다. 전형적인 예가 공포 영화를 볼 때 어떤 캐릭터가 우리가 말하는 것을 들을 수도 없고, 우리가 말을 해도 그 캐릭터의 행동에 아무 영향을 미치지 못한다는 사실을 잘 알고 있으면서도 "안 돼…거기 들어가지 마! 그러면 안 돼"라고 말하는 것이다. 혹은 텔레비전에 나오는 스포츠 스타가 경기 중 실수를 하거나 혹은 멋진 플레이를 할 때 우리는 그들을 향해 고함을 지른다. 우리 얘기를 듣지 못한다는 것을 알지만 우리는 그들에게 이런 반응을 한다.

'준 사회적'이란 말이 병적이라는 의미일까? 준 사회적 상호 작용을 연구하는 많은 전문가들은 의심의 여지없이 아니라고 말한다. 내가 대화를 나눈 학자들 중 준 사회적 상호 작용을 병적인 것으로 간주하는 학자들은 보통 매스 커뮤니케이션 이외의 분야에 속하는 학자들이다. 준 사회적 상호 작용을 연구하는 리바 투카친스키Riva Tukachinsky 커뮤니케이션학 교수는 "준 사회적 상호 작용이 정상적 행동 범위에 드는 것이 확실하기 때문에 '정상이다'라고 말할 필요는 없다"고 강조했다.

나도 이 점에 동의한다. 준 사회적인 것이 어느 지점에서 '비정상적인 것'을 연상시키게 되었는지 정확한 근원을 알 수는 없다. 거의 모든 사람들이 미디어와 준 사회적 방식으로 상호 작용을 하고, 우리 대부분은 실제로 미디어를 시청하는 것을 넘어 미디어 속의 캐릭터와 배우를 상대로 감정을 품는다(준 사회적 관계).

준 사회적 관계의 매우 구체적인 한 형태인 '셀러브리티 숭배자'를 통해 비정상의 시작점을 찾아볼 수 있다. '셀러브리티 숭배자'란 린 맥커천Lynn McCutcheon, 존 몰트비John Maltby 등이 제시한 개념으로 셀러브리티에 대한 개인의 태도를 측정 및 수량화하는 셀러브리티 태도 척도Celebrity Attitude Scale, CAS를 이용해 평가할 수 있다. 셀러브리티 태도 척도에 대한 연구(맥커천, 몰트비, 호란Houran, 애시Ashe, 2004)에서는 일반 인구 표본의 3~5%가 '경계선상의 병적' 응답을 했다. '내가 제일 좋아하는 셀러브리티가 내게 불법적인 부탁을 한다면 응할 것이다'와 같은 유형의 설문에 이 소수의 참가자들은 그렇다고 대답했다. 다음으로, 공동체와 학생 표본의 20%는 셀러브리티 태도 척도상 '지나치게 개인적인 관점'의 점수가 높았다(표본 항목: 내가 제일 좋아하는 셀러브리티는 마음이 통하는 친구이고 그/그녀가 죽는다면 나도 살고 싶지 않을 것이다). 분명한 것은 21세기에도 셀러브리티 숭배는 여전히 계속되고 있다는 점이다.

나는 연구를 통해 내가 만난 팬들의 경우 더 높은 셀러브리티 숭배자 비율을 보이지는 않을 거라고 생각했다. 2008년부터 2009년 사이에 조시 그로반의 팬들과 '스타트렉' 팬들을 표본으로 셀러브리티 태도 척도를 조사해 보았다. 각 집단은 가장 좋아하는 셀러브리티에 대해 가장 높은 수준의 충성도를 보였지만 셀러브리티 숭배 점수는 일반 인구 표본과 비교해 비슷하거나 더 낮은 수준이었다('스타 트렉' 팬들의 경우 15%만이 '지나치게 개인적인 관점'의 범주에 속했다). 팬덤 내에서 셀러브리티 숭배가 일반적이지 않을 것이라는 생각이 이번 연구를 통해 뒷받침되었다(스티버, 2011b).

병적 수준의 심각한 셀러브리티 숭배는 결국 '닭이 먼저인가, 달걀이 먼저인가'라는 문제로 귀결된다. 정신적 장애가 있는 사람들이 병적인 셀러브리티 숭배 증상을 보이는 것일까? 아니면 병적인 셀러브리티 숭배가 정신적 장애를 유발하는 것일까? 혹은 두 가지 요소가 모두 작용하는 것일까? 분명한 것은 이 질문에 대한 정확한 답을 얻기 위해서는 훨씬 더 많은 연구가 필요하다는 사실이다.

팬에 관한 연구를 시작하다

1988년 당시 대학원생이었던 나는 '슈퍼스타 마니아'가 어떤 모습일지에 대한 나만의 생각이 있었다. 때문에 이를 확인하기 위해 생애 최초로 마이클 잭슨 콘서트에 가 보았다. 나는 스타에 열광하는 이러한 현상은 주로 청소년들 사이에 나타나고, 팬들은 다들 격앙되고 광적인 행동을 보일 것이라고 생각했다. 전형적인 팬은 어떤 모습일까? 하지만 생애 첫 콘서트에서 몇 시간도 채 지나지 않아 내 선입관이 잘못된 것임을 확실히 알 수 있었다. 잭슨은 31세였고 그의 팬들은 잭슨과 비슷한 연령대가 주를 이루었다. 그의 연령을 기준으로 아래위로 다섯 살 그러니까 26~36세가 가장 많은 연령대를 이루고 있었다. 청소년과는 완전히 거리가 멀었다. 공연장에 처음 들어섰을 때, 데이트 복장을 하고 잘 차려입은 커플들의 모습은 근사했고 그들의 행동은 정상적이었다. 그러다 팬들을 인터뷰하기 위해 텔레비전 뉴스 카메라가 다가오자 팬들이 열광하기 시작했다. 앞을 다투어 카메라 앞에 선 팬들은 계속해서 소리를 질러대며 엘비스 프레슬리나 비틀스 공연 때 텔레비전을 통해 보여지는 전형적인 팬들처럼 행동했다.

짐작하건대 그 팬들도 내가 보았던 것과 똑같은 열광적인 행동을 텔레비전에서 보았을 것이다. 따라서 이럴 때 '어떻게 행동해야 하는지' 알고 있었을 것이다. 그들은 각본을 따라서 카메라의 큐 사인에 반응했다. 촬영 팀이 지나가고 나면 팬들은 정상적인 대화와 차분한 행동 모드로 돌아왔다. 나는 내 연구의 모든 가설과 연구 계획을 다시 검

토하고 수정해야 했다. 그리고 팬들의 행동을 직접 관찰할 수 있는 현장 연구에 전념해야겠다는 마음가짐을 새롭게 했다. 마이클 잭슨의 공연에서(이후의 마돈나, 자넷 잭슨, 그리고 다른 공연에서도) 모두가 춤을 추고 노래를 따라 불렀지만 통제 불능의 흥분이나 괴성은 많지 않았다.

1992년 런던 웸블리 스타디움Wembley Stadium에서 열렸던 마이클 잭슨의 공연에서 의식을 잃고 쓰러지는 팬들의 모습이 카메라에 담겼다. 공연 당일(7월 31일) 팬들은 27도가 넘는 잔디밭에서 다섯 시간 이상을 서 있었다. 이들은 탈수와 열사병 치료를 받았다. 그러나 이날 공연을 다룬 영상 어디에서도 그러한 정보는 전해 주지 않았다. 자신이 좋아하는 셀러브리티가 나타났을 때 팬들이 감정에 압도되는 일이 전혀 없다는 이야기를 하려는 것이 아니다. 다만 열광적 분위기가 조장되고 군중이 감정적 반응을 보이는 것은 팬들의 실제 감정이 표현되는 것과도 관련이 있기는 하지만 미디어의 존재와 군중의 관리가 제대로 이루어지지 않은 탓도 있다는 것이다.

나는 마이클 잭슨의 콘서트에 총 열다섯 번 참석했다. 그중 두 번은 메릴랜드, 세 번은 어빈 메도스, 다섯 번은 로스앤젤레스 스포츠 아레나, 다섯 번은 영국(세 번은 런던, 한 번은 카디프, 한 번은 리즈)에서 열린 콘서트였다. 잭슨이 출연하는 시상식과 기자 회견, 작은 공항의 격납고에서 이루어진 뮤직비디오 촬영 현장, 1989년과 1990년에 팬이 운영하는 팬클럽에서 개최한 마이클 페스트에도 참석했다.

마이클 잭슨의 오랜 팬인 에이드리언 그랜트Adrian Grant는 영국의 잡지이자 당시 마이클 잭슨을 소재로 출간된 책 중 단연 으뜸인 『오프 더 월Off The Wall』을 출간했다. 에이드리언은 저널리스트로서는 유일하게 잭슨의 집인 네버랜드 랜치Neverland Ranch에 출입 허가를 받아 마이클 잭슨의 동의하에 네버랜드에 대한 이야기를 자신의 잡지에 실었다. 1992년 영국을 여행한 3주간 나는 잡지사 직원의 집에 머물며 에이드리언을 위해 일했다. (기자 회견에 관한 기사도 작성했다.) 나는 스토크온트렌트에서 가족과 함께 사는 존 파우너John Powner 언론학 교수의 집에도 머물렀다. 파우너 교수는 잭슨 팬덤에 대한 연구를 하고 있었다. 우리는 자료를 교환하고 여러 시간 동안 연구 결과를 논의했다. 파우너 교수와 나는 서로의 연구 초안을 읽어 보기도 했다. 잭슨의 팬덤에 대한 4년간의 연구를 수행하는 동안 나는 영국과 미국 두 대륙의 핵심 참가자들과 네트워크를 형성하고 나의 30년 연구 중 가장 열정적인 팬 행동을 얼마간 관찰했다. 그랜트는 계속해서 런던의 웨스트엔드 뮤지컬 '스릴러 라이브Thriller-Live' 공연을 기획하고 큰 성공을 거두었다.

같은 기간에 나는 두 차례의 비틀 페스트에 참석했고 비틀스 팬뿐만 아니라 특히 폴 매카트니Paul McCartney의 솔로 활동을 지지하는 헌신적인 팬 그룹을 만났다. 1990년에는 애리조나 스테이트 스타디움Arizona State stadium 공연에 참석해서 7만 명의 팬을 표본으로 설문 조사를 했다. 또한 1990년 마돈나의 '블론드 앰비션' 투어에 여섯 차례, 1989년 자넷 잭슨의 '리듬 네이션Rhythm Nation' 투어 공연에 여섯 차례 참석했다. 마돈나 외에도 브루스 스프링스틴Bruce Springsteen, 프린스Prince, 조지 마이클George Michael의 팬들은 각 조직별로 약 70명이 작성한 설문지를 나에게 우편으로 보내 주었다. 놀랍게도 우편으로 보낸 설문지 약 300세트를 하나도 빠짐없이 돌려받았다. 내가 밝혀내고자 하는 주제에 팬들이 관심이 있었다고 말하는 것으로는 부족할 것이다. 내가 보낸 설문지에는 이번 연구를 위해 개발된 방법인 셀러브리티 매력 설문Celebrity Appeal Questionnaire이 포함되어 있었다(스티버, 1991b, 2008). 뿐만 아니라 이번 장 뒤에서 다룰 마이어스-브릭스 성격 유형 검사Myers Briggs Type Indicator, MBTI도 포함되어 있다.

이와 같이 슈퍼스타 마니아의 주된 예는 모두 국제적인 명성을 가진 유명 셀러브리티와 관련이 있다. 내가 만난 팬들 대부분은 사려 깊고 합리적이었다. 내 연구에 대해 알게 되었을 때 이 팬들은 자신의 관심사에 쏟는 만큼의 큰 열정을 다른 사람의 관심사를 이해하는 데도 보여 주었다.

다른 팬 그룹들로 이동하다

1991년부터 대략 2010년경까지 SF 팬덤에 관한 현장 연구를 진행하는 동안 나는 수백 번의 컨벤션과 다른 여러 팬 행사에 참석했다. 4장에 인터뷰를 실은 셀러브리티들을 알게 되는 특전도 누렸다. '반지의 제왕Lord of the Rings'의 존 라이스 데이비스John Rhys Davies뿐 아니라 많은 '스타 트렉' 출연 배우들의 사인회를 돕기도 했다. CD 사인회, 무대 뒤 팬미팅, 브로드웨이 무대 출입구 미팅, 콘서트 후 비공식 사인회에서 조시 그로반을 만나는 팬들을 관찰했고 윌리엄 샤트너William Shatner, 레너드 니모이Leonard Nimoy, 스콧 바큘라Scott Bakula, 칼 어번Karl Urban 등 여러 배우들과 사진 촬영을 하는 팬들을 관찰했으며, 브로드웨이 공연 후 팬들에게 사인을 해 주는 제이크 질렌할을 관찰했다. 콘서트 시작 전과 1990년 기자 회견 후 칵테일파티에서 다른 셀러브리티들을 만나는 마이클 잭슨을 관찰했다. '엘렌Ellen', '프레이저Frazier', '베커Becker', '라이브! 위드 켈리(리파)Live! with Kelly(Ripa)', '지미 키멜 라이브!Jimmy Kimmel Live!' 그리고 다양한 시상식 등 팬들이 셀러브리티와 함께 사진을 찍고 사인을 받을 수 있는 공연에 방청객으로 참석했다. 나는 팬과 셀러브리티의 상호 교류, 영향, 공감에 관한 글을 많이 읽기도 했지만 직접적인 실제 대면을 통해서도 많은 것을 (어쩌면 훨씬 많이) 배웠다.

셀러브리티에 대한 접근성

20세기의 셀러브리티는 동떨어져 있음, 접근이 어려움, 그리고 셀러브리티의 주변인들이 대중의 접근을 막음으로써 만들어진 신비로움을 기준으로 정의되었다. 20세기 말에서 21세기에 접어들면서는 스타들이 점점 더 스스로 목소리를 내고 자신이 선택한 주제에 대해 글을 쓰며, 관객과 보다 직접적인 관계를 형성하려는 시도를 했다. '모든' 셀러브리티가 다 그렇다는 이야기가 아니라 상당히 많은 셀러브리티가 그렇게들 하고 있어서 스타와 관객의 관계가 본질적으로 (혹은 적어도 잠재적인 관계가) 영원히 달라졌다. '조시 그로반을 (다시) 만나다'(2016a)라는 제목의 논문에서 나는 이러한 길을 선택한 셀러브리티의 경우 팬들과 직접적인 소통 창구를 만들고 팬들이 자신을 직접적으로 알게 할 뿐 아니라 자신도 팬들을 직접 알아 감으로써 팬과 셀러브리티의 상호 교류의 본질이 근본적으로 변하게 된다고 주장했다. 소셜 미디어의 부상이 이러한 변화에 큰 역할을 했다. 대규모 미디어 컨벤션 또한 이러한 변화를 이끌었다.

예를 들어 미국 전역에서 개최되는 코믹콘ComiCons에는 A급 셀러브리티(출연료가 가장 높은 초대형 스타들)가 출연한다. 그러한 행사에서 관객들은 스타와 직접 이야기를 나눌 수 있다. 20세기에는 드라마 스타들이 컨벤션을 통해 팬과의 만남에 앞장섰을 수는 있지만 관객들이 스타와 직접 대화할 수 있는 기회는 거의 없었다(해링턴Harrington, 2010). 최근 샌디에이고에서 개최된 코믹콘에는 최근 10년간 가장 큰 인기를 얻은 텔레비전 프로그램 중 하나인 '빅뱅 이론The Big Bang Theory'에서 몸값이 가장 높은 두 배우 조니 갈레키Johnny Galecki와 케일리 쿠오코Kaley Cuoco가 등장했다. 출연진이 올린 동영상(cbs.com에서 시청 가능)에는 이 유명 배우들과 관객이 직접 소통하는 모습이 담겨 있다. 그보다 한 해 앞서 나는 할리 베리Halle Berry와 앤젤리나 졸리Angelina Jolie가 2004년 코믹콘에서 이와 같이 관객과 소통하는 것을 보았다. 코믹콘 샌디에이고 행사가 1970년에 시작된 이후 초기에는 이 행사의 주제가 만화책에 더 초점이 맞추어져 있었지만 회를 거듭할수록 더 많은 '스타들'이 참여하면서 1990년대에는 윌리엄 샤트너와 프란시스 포드 코폴라Francis Ford Coppola 같은 영화계 인물들까지 출연자 명단에 이름을 올렸다. 좀 더 최근에는 텔레비전 프로그램 홍보를 위해 텔레비전 스타들까지 가세하면서 만화책 관련 인물보다 스타들의 참여 인원이 더 많아졌다. 1970년 당시 145명으로 시작했던 참여 인원은 이제 매년 15만 명을 웃돈다 (https://en.wikipedia.org/wiki/San_Diego_Comic-Con).

좋아하는 셀러브리티를 만나다

셀러브리티를 직접 만나는 일은 왜 그렇게 충격적인 경험인 것일까? 우리는 미디어를 통해 매일 셀러브리티를 만나지만 이들을 실제로 만나는 일은 상대적으로 잘 일어나지 않는다. 내가 무대에 선 마이클 잭슨을 실제로 처음 보았을 때 눈앞에 있는 그가 실제 인물이라는 사실을 받아들이는 데 어려움을 겪었던 것을 기억한다. 특히 미디어를 통해 만나는 상징적 인물들은 인간적 가치보다는 상징적 가치를 지닌 존재로 받아들여진다.

1993년 나는 '딥 스페이스 나인'에서 바시르 박사 역으로 출연한 '스타 트렉'의 배우 알렉산더 시디그와 만나 나중에는 그와 친구가 되었다. 처음 시디그와 만난 직후 '딥 스페이스 나인'을 보았는데 텔레비전에 나온 캐릭터와 실제로 인간적 차원에서 알고 있는 사람을 연결시키기가 어려웠다. 잭슨을 처음 만났던 때와 마찬가지로 현실 같지 않은 기분이 들었다. 그리고 한동안 현실과 비현실 사이에서 감정의 차이를 느껴야 했다. 시디그와 깊이 알고 지낸 지 25년이 되었는데 정확히 어느 시점인지 짚어 낼 수는 없지만 그 비현실적 감정이 사라졌다. 그 후에 알게 된 배우들에게 느끼는 비현실적 감정은 좀 덜했다. 그러던 어느 날 내가 '딥 스페이스 나인'의 세트장에 있을 때 제임스 대런 James Darren이 걸어 들어왔다. 빅 폰테인Vic Fontaine 역의 대런은 'TJ 후커TJ Hooker', '기젯Gidget', '타임 터널The Time Tunnel' 등의 작품으로 더 잘 알려져 있다. 그 당시 나는 스타에게 한순간에 매료되지 않을 만큼 스타를 만나는 일에 어느 정도 익숙해졌지만 대런을 보자마자 15세 소녀로 돌아가 있었다. 그 15세 소녀는 제임스 대런이 '타임 터널'에 출연할 당시 그에게 푹 빠져 있었다. 대런을 만나자 거의 말문이 막힌 것처럼 더듬거리며 겨우 인사를 할 수 있었다.

내가 이런 경험을 이야기하는 이유는 우리가 미디어에 등장하는 유명인이나 그들이 맡은 캐릭터에 상당한 친밀감을 갖게 되었을 때 그들이 우리 인생에서 차지하는 특별한 위치를 이 경험이 잘 보여 주기 때문이다. 나는 십 대 때 대런을 '알았기' 때문에 청소년기부터 품어 왔던 경외감에 근거하여 그에게 특별하게 반응했던 것이다. 배우들은 직업인으로서 그저 자기 일을 하는 것뿐이지만 내가 청소년기에 그 캐릭터에 가졌던 환상은 아직도 남아 있었다. 그를 정말로 '알았다'고 착각했다. 이것이 바로 '멀리 있는 대상에 대한 친밀감'이라고도 하는 준 사회적 관계의 본질이다. 이러한 준 사회적 관계는 훗날에 맺게 될 실제 관계를 연습할 수 있는 상상 속 연애 관계이기 때문에 청소년기의 발달 과정에서 특별히 중요한 위치를 차지한다.

셀러브리티를 만나다

준 사회적 관계가 화답 없이 '일방적으로 아는' 관계임을 감안할 때 셀러브리티를 만나는 것과 관련하여 두 가지 논의가 필요하다. 한 가지는 나도 셀러브리티를 직접적으로 알고 셀러브리티도 나를 알고 있는 팬에 관한 것이고, 다른 한 가지는 셀러브리티를 만날 기회가 전혀 없었고 따라서 자신의 상상 속에서만 셀러브리티와 교류를 해 온 팬들(준 사회적 관계)에 관한 이야기이다. 두 가지 유형의 교류가 모두 역기능이나 병적 요소를 가질 가능성이 있지만 30년간 팬 공동체와 인적 네트워크를 형성해 온 경험에 비춰 보면 이러한 병적 요소는 일반적이라기보다는 예외적이다. 위에서 다루었듯이 팬과 셀러브리티의 관계나 준 사회적 관계가 잠재적으로 병적 성격을 띨 가능성이 있기 때문에 병적이라고 말하는 것은, 모든 사회적 관계가 잠재적으로 병적 성격을 띨 가능성이 있기 때문에 모든 사회적 관계가 병적이라고 말하는 것만큼이나 의미가 없다.

팬에 관한 연구로 유명한 맷 힐스Matt Hills(2016)는 "팬들은 셀러브리티의 사생활을 존중하도록 요구받으며"(p. 466) 제한된 범위의 대화만 할 수 있다고 말했다. 다른 학자들도 비슷한 주장을 펼쳤는데, 예를 들어 마윅Marwick과 보이드boyd(2011)는 사인회를 비롯하여 셀러브리티를 만날 수 있는 여러 자리는 "엄격히 관리되며 범위도 제한된다"고 말했다(p.149). 그러나 나는 이를 뒷받침할 수 있는 실질적 연구 결과를 아직 보지 못했다.

실제로 이 같은 주장은 다른 사회적 상황에서와 마찬가지로 사실이 아니다. 대부분의 팬과 셀러브리티의 만남은 사전 연출에 의한 것이 아니다. 2016년에 발표한 친절한 지인으로서의 셀러브리티에 관한 논문에서 나는 팬과 셀러브리티의 만남을 통해 단순한 사진 촬영이나 사인보다 훨씬 많은 것이 얻어진다고 주장했다. 트위터(스티버와 로슨Lawson, 2013)로 인해 셀러브리티들이 자신이 알고 있는 팬들에게 직접 화답할 수 있는 길이 더 넓어졌다(4장의 린 어벌조노이스 인터뷰 참조). 조시 그로반의 트위터 계정을 9년 동안 팔로우한 결과 그가 자신이 아는 팬들에게 개인적으로 답하는 것을 확실히 알 수 있었다. 그렇다면 '준 사회적 관계가 언제 사회적 관계로 전환되는가?'라는 중요한 질문을 하게 된다. 또한 페리스Ferris와 해리스Harris(2011)가 설명했듯이 셀러브리티와의 만남은 큰 사업이 될 수 있지만, 내가 '스타 트렉'과 조시 그로반의 팬덤에서 자주 목격했듯이 셀러브리티는 자신들이 원한다면 이러한 구조를 쉽게 피해 갈 수 있다. 잘 알고 지내는 팬들과 전용 공간에서 파티를 즐기는 일은 '딥 스페이스 나인'의 많은 배우들 사이에서는 흔히 있는 일이며 조시 그로반은 콘서트나 브로드웨이 공연 뒤에 팬들과 비공식적으로 대화 시간을 갖기 위해 자주 모습을 나타낸다. 실제로 마이클 잭슨조차도 자발적으로 직접 교류하는 소규모 팬 모임이 있었다.

인생 전반에 있어 팬과 셀러브리티의 관계는 많은 사람들에게 중요한 의미를 지닌다. 유명한 사람과의 일생에 걸친 관계는 정체성뿐만 아니라 다른 여러 사회적 발달의 측면에서도 중요한 영향을 미친다.

힐스(2016)가 지적한 바와 같이 모든 사회적 관계는 각 관계와 연관된 상상의 요소가 있다. 이런 의미에서 준 사회적 관계는 특별할 것이 없다. 일부 학자들이 이론화(젠슨 Jenson, 1992)한 것과는 달리 준 사회적 관계는 삶에서 부족한 부분을 만회하기 위해 만들어 내는 것이 아니다. 특히 준 사회적 관계와 팬 활동이 사회적 공동체의 맥락에서 이루어질 때는 더욱 그러하다. 고립된 팬은 공동체의 일부로 활동하는 팬과는 행동 패턴이 굉장히 다르다. 공동체는 '나만큼 아무개를 사랑하는 사람은 없어' 등과 같은 생각과 관련해 현실을 직시할 수 있는 기회를 제공한다. 다른 팬들을 전혀 알지 못할 때 그러한 착각이 지속되기 쉽다. 또한 사람에 대한 애정과 그 사람의 작품에 대한 애정을 구분할 필요도 있다.

컨벤션, 매장 내 홍보 행사, 자선 행사 등 모든 형태의

'사전 연출된' 팬과 셀러브리티의 만남에 수도 없이 참석해 본 사람으로서, 이러한 만남이 어느 정도 각본에 따른 것이라는 단정(힐스, 2016)은 잘못되었다고 생각한다. 이런 행사들이 급하게 진행될 수도 있지만 항상 그런 것은 아니다. 대부분은 셀러브리티의 의지와 관련이 있다. 1994년 컨벤션에서 시디그는 새롭게 결성된 자신의 '스타 트렉' 팬클럽을 만났는데 사인을 받기 위해 길게 늘어선 줄을 보고 개개인을 상대할 수 없다는 사실에 불만을 느꼈다. 그는 팬들을 만나서 그들을 알아 가고 그들이 프로그램에 대해 어떤 생각을 하는지 알아볼 수 있는 좀 더 여유 있고 인간적인 자리를 가지고 싶었다(4장의 시디그 인터뷰 참조). 시디그의 이러한 요청으로 '박사와 점심을'이라는 행사가 탄생했다. 1994년부터 2003년까지 매년 다양한 형태로 개최되었던 이 행사에는 65명에서 150명 가량의 팬들이 참석했다. 1998년 샌디에이고에서 열린 행사에서 시디그는 115명에 달하는 팬들 한 사람 한 사람과 이야기를 나누고 사진을 찍도록 포즈를 취하고 사인을 하기 위해 1인당 거의 5분을 할애했다. (그렇다. 하루 종일, 아홉 시간 이상을 그렇게 했다.) 컨벤션과 같은 행사에서의 만남뿐만 아니라 이러한 형식의 만남의 기회가 매년 있었기 때문에 상당 수의 팬들이 시디그에 대해 굉장히 깊이 알게 되었다. 나나 비지터, 린 어벌조노이스, 앤드류 로빈슨, 아민 시머만, 체이스 마스터슨, 아론 아이젠버그, 맥스 그로덴칙Max Grodenchik, JG 헤르츨러JG Hertzler, 이미 언급했던 시디그, 그 외에도 다수의 '딥 스페이스 나인' 출연 배우들이 그러한 행사에 참석했다. '스타 트렉: 보이저' 팬클럽에서도 유사한 행사를 개최했으며 팬들은 자신이 좋아하는 배우들에 대해 잘 알게 되었다. '넥스트 제너레이션Next Generation'에서 피카드Picard 역을 맡은 패트릭 스튜어트Patrick Stewart, 오리지널 시리즈의 커크 함장Captain Kirk 역의 윌리엄 샤트너, 그 외에도 다른 '스타 트렉' 시리즈의 여러 배우들이 이러한 만남의 기회를 마련하여 팬들은 자신이 좋아하는 배우와 직접 만나 그들에 대해 좀 더 깊이 알게 되었다.

크리에이션 엔터테인먼트('스타 트렉'의 오랜 팬인 아담 멀린Adam Malin과 게리 버먼Gary Berman이 운영)는 상업적 행사들 중에서도 4~5명의 팬이 30분간 해당 배우와 전용 공간에 방문해 함께 시간을 보낼 수 있는 유료 행사를 진행하기 시작했다. 조시 그로반의 팬들을 위해서도 비슷한 행사가 진행되는 것을 보았는데 팬들에 따르면 그러한 기회는 빈번하게 주어지며, 그다지 특별한 것이 아니다. 러셀 크로우Russell Crowe, 네이선 필리언Nathan Fillian, 제리 라이언Jeri Ryan, 크레이그 파커Craig Parker, 마이클 크로퍼드Michael Crawford 외에도 여러 배우의 팬들과 충분히 대화를 나누어 본 결과 자신이 좋아하는 셀러브리티와 직접 만나 각본 없는 대화를 나누는 일은 예외적인 일이 아니라는 사실을 확실히 알게 되었다.

힐스(2016), 페리스, 해리스(2011)의 설명에는 팬과 셀러브리티의 여러 상호 교류 유형 중 한 가지 중요한 유형이 빠져 있는 것으로 보인다. 이들이 예로 든 만남은 보통 상업적 성격을 띤 '사전 연출에 의한 행사', 솔직히 말해 스토킹처럼 들리는 '팬이 연출한 만남', '계획되지 않은 임의의 만남'이다. 하지만 셀러브리티는 때때로 팬들과의 상호 협의와 이해를 바탕으로 팬들과 이야기를 나눌 수 있는 자리를 갖기도 한다. 이러한 만남은 '상업적' 범주에 들지 않으며 그렇다고 계획되지 않은 임의의 만남에도 해당되지 않는다. 팬이 셀러브리티와 마주치기 위해 셀러브리티를 쫓아다니는 '팬이 연출한 만남'에도 속하지 않는다. 내가 인터뷰한 대부분의 팬은 이런 유형의 만남을 섬뜩해 한다. 이와는 달리 셀러브리티는 팬들과 서로 협의하여 지속적으로 만날 수 있는 자리를 마련한다. 이러한 일정에 대한 정보는 팬 공동체에서 공유되며, 공동체에 소속된 팬들은 해당 셀러브리티를 만나 이야기를 나눌 수 있다는 사실을 알 수 있다. 예를 들어 대부분의 브로드웨이 스타는 공연 후에 팬들과 얘기를 나누고 셀카를 찍을 수 있게 포즈를 취하고 사인을 해 준다. 나는 이미 언급한 제이크 질렌할 같은 A급 영화배우들까지 이러한 만남을 갖는 것을 보았다.

개별적 예

나의 친구 로즈Rose는 아주 특별한 사람이다. 2003년 내가 '스타 트렉' 팬에 관한 연구를 하던 중에 만난 로즈는 대장암으로 세상을 떠났다. 주로 '스타 트렉' 컨벤션과 여러 팬 행사에서 만나던 친구였는데, 팬 행사에 많이 참여해서 그녀가 좋아하던 '스타 트렉' 셀러브리티들도 로즈의 이름을 알 정도였다. 매력 있고 친절한 성격을 지닌 로즈는 '스타 트렉'의 수집용 접시(프랭클린 민트Franklin Mint 사 제공)를 모두 가지고 있었고, 이 접시에 하나도 빠짐없이 사인을 받았다. '스타 트렉' 팬이라는 것이 로즈의 정체성에서 중요한 부분이었다고 말하는 것으로는 부족할 것이다.

1994년 '딥 스페이스 나인'의 배우들을 시작으로 이후에는 '보이저'의 배우들까지 매년 위에서 말한 자선 행사를 개최했다. 사적이고 규모도 작았던 이 자선 행사에 로즈는 매번 참여했다. 2003년 8월 우리는 마지막 컨벤션에 함께 참여했는데 로즈가 말기 암 판정을 받았고, 이번이 그녀 인생의 마지막 컨벤션이 될 것을 알게 된 크리에이션 엔터테인먼트의 한 직원이 친절하게도 VIP 출입증을 로즈에게 주었다. 그래서 우리는 무대 뒤로 가서 이제는 로즈의 친구가 된 배우들과 좀 더 편하게 이야기를 나눌 수 있었다. 특히 아민 시머만과 키티 스윙크Kitty Swink는 ('딥 스페이스 나인'에 출연한 이 두 배우는 부부가 되었다) 로즈와 절친한 친구였는데 키티 역시 암을 이겨 낸 경험이 있다. 두 눈에 눈물이 가득 고인 두 배우가 로즈와 함께 앉아서 이야기를 나누던 모습이 아직도 눈에 선하다. 마지막 안부를 묻던 그들은 로즈의 죽음이 머지않았다는 사실을 이미 알고 있었다. 함께 대화를 하며 그녀와 시간을 보내던 알렉산더 시디그와 로버트 피카도Robert Picardo 외 여러 배우들은 그것이 작별 인사가 될 것임을 알고 있었다.

셀러브리티와 친구가 된 또 다른 팬은 조시 그로반의 팬덤에서 '미시간 코니Michigan Connie'로 알려진 여성이다. 코니는 팬이자 친한 친구인 밸 수키Val Sooky와 함께 조시의 자선 단체에서 굉장히 열심히 일했다. 이들이 다른 그로반 팬들과 함께 결성한 자선 모임(그로바니티즈 포 채리티)은 조시 그로반 재단 소속이며 팬들이 운영을 맡고 있다. 이 자선 모임은 2003년부터 조시의 자선 활동을 위해 쉼 없이 기금을 모았으며 2010년에는 그 액수가 100만 달러가 넘었다. 내가 이 조시 팬들의 자선 모임을 알게 된 시점이 코니가 암 투병을 하다가 숨을 거둔 지 약 5개월 후였기 때문에 나는 코니를 한 번도 만난 적이 없다. 그러나 2007년 내가 참석했던 디트로이트 콘서트에서 조시 그로반은 코니를 위한 노래를 헌정했고 그날 밤 그곳을 찾은 코니의 딸들과 무대 뒤에서 특별한 인사를 나누었다.

나는 30년이 넘는 기간 동안 내 연구의 일환으로 여러 다양한 팬 단체에 참여했다. 마이클 잭슨, 조시 그로반, 윌리엄 샤트너, 그 외에도 다양한 셀러브리티와 함께하는 이 단체들 안에서 내가 접했던 일들이 유별나거나 특별하다고 생각할 이유가 없다. 비록 만남이 빈번하지는 않아도 팬과 셀러브리티가 만나 의미 있는 대화를 나누고 때로는 서로를 상당히 깊이 있게 알게 된다. 물론 일부 팬 모임은 관리되고 통제되는 것이 사실이지만 그렇지 않은 경우가 훨씬 더 많다.

유사성/동종 선호

역할 모델로서 셀러브리티의 존재가 어떻게 정체성 발달을 강화하는지는 많이 다루어진 주제이다. 동경의 대상이란 우리의 삶 안에서 그 존재만으로 도달하고 싶은 목표를 제공하고 우리를 더 발전시킬 수 있는 방법을 제시하는 사람들이다.

사람들의 셀러브리티 추종 여부를 가장 정확하게 가늠해 볼 수 있는 것이 유사성이다. 학계의 문헌에서는 이를 동종 선호라고도 한다. 많은 연구 결과를 통해 입증되었듯이 우리는 중요한 측면에 있어 자신과 가장 비슷하다고 생각되는 셀러브리티를 추종하는 경향이 있다. 중요한 것은 실제로 유사한지 여부가 아니라 유사하다는 인식임을 기억해야 한다.

1980년대 후반 석사 논문을 준비하면서 나는 실험 참가자들에게 MBTI 검사를 받게 했다. 이 검사에서는 내향적인지, 외향적인지 또는 감각적 인식을 하는지, 직관적 인식을 하는지와 같은 성격적 특성을 측정한다(융Jung의 성격 분석에 관한 논의는 마이어스Myers와 마이어스Myers, 2010 참조). MBTI 검사에서는 성격을 네 가지 유형으로 표현한다. 설문지 작성을 마친 팬들에게 자신이 좋아하는 셀러브리티라면 각 문항에 어떻게 응답할지를 생각해서 같은 설문지를 작성해 보라고 했다. 이 검사는 실제 성격이 아닌 자신이 생각하는 성격을 측정한 것이지만 자신이 좋아하는 스타가 어떤 성격인지에 관해 팬들은 거의 100%에 가깝게 일치된 생각을 갖고 있다는 결론이 지속적으로 나왔다. 또한 전반적으로 팬의 성격 유형과 스타의 성격 유형은 일치했다. 우연이라고 보기에는 훨씬 더 높은 비율의 유사성을 보였다.

이러한 사실을 더 확실히 보여 주는 예가 한 가지 있다. 미국에서 일반 대중 네 명 중 한 명은 내향적Introverted이며 다시 이 중에서 네 명 중 한 명은 직관적Intuitive 성격 유형을 지니고 있다. 다시 말해 일반 대중 열여섯 명 중 한 명이 내향적이면서 직관적 성격 유형을 지니고 있는 것이다. 마이클 잭슨의 팬 가운데 표본으로 추출한 100명 중 60%가 내향적이면서 직관적 성격 유형을 지니고 있었으며 마이클 잭슨도 이러한 성격 유형을 지니고 있다고 이들 모두(100%) 동의했다. 프린스의 팬 가운데 표본으로 추출한 100명 중 65%가 내향적이면서 직관적 성격 유형을 지니고 있었으며 마찬가지로 이들 표본 조사 대상자 중 100%가 프린스도 이러한 성격 유형을 지니고 있다고 동의했다. 표본 조사 대상이었던 팬들은 행동에 있어 해당 예술인의 열렬한 팬으로 확인되었다. 이 주제와 관련하여 내가 발표한 두 개의 논문에 이와 같은 성격 유형에 관한 자료가 훨씬 더 많이 실려 있다(스티버, 1991a, 1995).

이후의 연구(맥칼리McCarley와 에스코토Escoto, 2003)에서 나의 연구 결과를 재현하려고 시도했다. 하지만 행동에 있어 팬으로 확인된 표본이 아닌 대학생들을 표본 조사 대상으로 사용했기 때문에 내 연구와는 결과가 다르게 나왔다. 자신이 가장 좋아하는 셀러브리티와 성격 유형 간의 연관 관계를 발견하지 못한 정확한 이유는 이와 같이 표본 조사 대상 선택이 잘못되었기 때문이다. 대학생 중 임의로 규준 표본을 추출해서 제일 좋아하는 셀러브리티를 물어본다는 것은 이들 모두 어느 정도의 시간과 돈을 투자하고 싶거나 충실히 따르고 싶은, 가장 좋아하는 셀러브리티가 있음을 전제로 하는 것이다. 하지만 표본으로 추출된 학생들 중 실제로 '행동에 있어 팬으로 확인된 팬'의 기준을 충족하는 학생은 일부일 것이다. 이러한 행동 기준은 해당 셀러브리티와 관련한 기념품을 방대하게 수집, 팬클럽에 가입, 여러 지역의 수많은 콘서트에 참석, 셀러브리티의 펜팔 목록에 포함되어 있음 등이다. 내 연구에 참여한 사람들은 대부분이 항목 중 하나 이상에 해당되었다. 이들에게 셀러브리티는 일상의 일부이며 자신이 충실하게, 헌신적으로 추종하는 사람이다. 이러한 수준의 팬덤에서 성격상의 유사성이 발견된다. 어떤 셀러브리티에 관심이 생기기 시작하는 초기 단계에서는 이러한 유사성이 확연히 드러나지 않으며, 셀러브리티와 자신의 성격 유형을 동일하게 인식하지도 않는다. 1980년대 후반에는 미국에서만 '스릴러' 앨범이 5000만 부 이상 판매되었기 때문에 많은 사람들이 '나는 마이클 잭슨의 팬이다'라고 말했을 것이다. (실제로 그렇게 말했다.) 하지만 그런 수준의 관심은 내 연구의 대상이 되기에는 부족할 것이다.

동일한 연구에서 '스타 트렉' 팬들 가운데 '스타 트렉' 출연 배우 중 한 명을 가장 좋아하는 배우라고 밝힌 팬들을 표본 조사 대상으로 삼았다. ('딥 스페이스 나인'에 출연한 나나 비지터와 시디그의 팬 가운데서 표본 조사 대상을 추출했다.) 이들도 마찬가지로 높은 수준의 내향적, 직관적 성격 유형을 보였다.

하지만 전반적으로 내향적, 직관적 성격 유형의 어떤 부분이 사람들을 팬덤에 끌어들이는 것이라고 생각할 수도 있을 것이다. 표본 조사 결과 팬들은 예외 없이 해당 예술인을 내향적, 직관적 성격 유형으로 생각했기 때문에 나도 이러한 가설을 배제할 수 없었다. 그도 그럴 것이 예술인을 대상으로 성격 유형 검사를 실행한 결과 규준 표본에서 내향적, 직관적 성격 유형의 비율이 높았기 때문이다. 외향적이라고 인식되는 셀러브리티의 팬을 대상으로 표본 조사를 할 수 있었다면 도움이 되었겠지만 석사 논문 심사를 마친 후 내 연구의 방향이 바뀌었다.

다른 여러 연구에서 셀러브리티와 이들을 추종하는 팬들 사이에서 인지된 유사성을 근거로 이들의 상관관계를 밝혀냈다. 또 다른 연구들은 (위에서 언급했듯이) 셀러브리티에 대한 충성심이 생긴 이후에 이러한 유사성이 관찰된다는 연구 결과를 뒷받침하지 않는다.

내가 많은 표본 조사를 통해 연구를 진행했지만(표본 추출 방식에 대한 설명은 내가 발표한 논문들을 참조할 수 있다), 나의 연구 중 상당수는 관찰을 통한 현장 기록, 인터뷰 전사 및 코드화, 기록 문서 분석 등을 바탕으로 한 질적 연구였다. 질적 연구 결과는 다른 표본으로 일반화하기가 더 힘들다. 또한 내가 참여했던 모든 팬 그룹은 대부분 긍정적인 역할 모델을 가지고 있었고 팬들의 관심 대상 또한 선한 사람들이었다. 내가 '부정적' 영향(부정적 영향을 어떻게 정의할지 생각해 내는 것도 어려울 것이다)을 미친다고 생각되는 셀러브리티를 살펴보았다면 연구 결과가 좀 다를 수도 있었을 것이다. 이는 질적 연구 영역인 사회 과학 연구의 특성이기도 하다.

06

미디어의 탈대중화와 소셜 미디어의 탄생

앞의 2장에서 이미 다루었듯이 토플러는 1980년대를 미디어의 탈대중화가 시작되는 시기로 정의했다. 다시 말해 우리는 극히 적은 수의 채널을 다 함께 보는 대규모 청중에서 수백 개의 채널이나 수천 가지 잡지 중 소수만 골라서 보는 소규모 청중으로 변화했다. 과거에는 선택할 수 있는 미디어가 제한적이었지만 이제는 선택의 폭이 넓어졌다. 미디어의 이러한 변화는 이미 언급했던 바와 같이 셀러브리티에게 영향을 미쳤다. 엘비스 프레슬리, 비틀스, 마이클 잭슨 등 20세기 중반의 슈퍼스타처럼 대규모 대중에게 다가가는 일이 힘들어졌기 때문이다.

미디어의 폭발적 증가 이후 개인용 컴퓨터가 소개되었고 1980년대까지 일반 대중에게도 보급되었다. 그 후 1990년대에는 인터넷 보급률이 높아져 그때까지만 해도 기술 관련 전문 지식에 밝은 엘리트 계층만 이용했던 인터넷을 개인용 컴퓨터와 모뎀만 있으면 누구나 이용할 수 있는 수준이 되었다.

미디어는 20세기에 두드러졌던 '천편일률적' 모델을 벗어났다. 그 시기는 극소수의 개인들이 막강한 권력을 쥐고 있을 때였다. 미디어 권력은 한곳에 집중되었고, 이들 권력을 쥔 사람들이 유포하고 싶어 하는 메시지를 양산하는 데 미디어가 이용되었다. 1980년대에 미디어의 분권화가 시작되기 전까지 이러한 매스 미디어 모델이 19세기와 20세기에 군림했다.

소셜 미디어의 탄생

21세기 초부터 시작해서 다양한 형태의 소셜 미디어가 월드 와이드 웹World Wide Web, 즉 인터넷상에서 폭발적으로 증가하였고 그 결과 다양한 소셜 미디어 사이트가 막강한 영향력을 갖게 되었다.

인터넷의 도래와 소셜 미디어의 탄생은 틈새시장의 수적 증가를 가져왔고 각 틈새시장마다 마이크로셀러브리티가 존재했다. 마이크로셀러브리티는 센프트Senft(2008)가 자신의 저서 『캠걸스Camgirls』에서 처음 사용한 용어이다. 캠걸스란 구독자에게 자신의 사생활을 방송으로 보여 주는 젊은 여성을 지칭하는 말이고, 마이크로셀러브리티는 유튜브 채널, 블로그, 웹 사이트, 소셜 미디어 페이지 등 단일 미디어에 팬 기반을 가지고 있는 사람을 말한다. 최초의 '캠걸'인 '제니캠Jennicam'은 1996년부터 2004년까지 방송을 했다. 센프트가 이러한 현상에 대한 연구의 일환으로 자신도 방송을 하며 스스로 캠걸이 되었던 경험을 비롯하여 이 책에는 캠걸에 대한 역사가 자세히 나와 있다. 센프트의 연구로 캠걸과 시청자 간의 역학 관계에 대한 이해가 이루어졌다.

마이크로셀러브리티들은 주류 미디어까지 영역을 확장했다. '댄싱 위드 더 스타Dancing with the Stars' 시즌 19에 출연했던 유튜브 블로거 베서니 모타Bethany Mota와 시즌 21에 출연했던 유튜브 스타 헤이즈 그리어Hayes Grier를 예로 들 수 있다. CBS 뉴스(2015년 11월 9일자)는 '꼭 알아야 할 유튜브 스타 10'이라는 제목의 기사를 게시했다. 여기에는 온라인 과학 프로그램 '브이소스VSauce'의 마이클 스티븐스Michael Stevens 등이 포함되었다. 사람들이 제작한 다양한 주제의 동영상이 유튜브를 통해 전달되고 이 영상 때문에 사람들은 훗날 유명해질 수도 있다. 막대한 영향력이 있다고 해서 '인플루언서Influencers'라고 불리는 마이크로셀러브리티는 2005년 싱가포르에서 처음 등장했다. 온라인상의 자신의 인지도를 이용하여 자체 브랜드를 구축하고 패션과 메이크업 정보를 제공하는 젊은 여성 블로거 등을 마이크로셀러브리티의 예로 들 수 있다. 산업과 연관성이 있는 인플루언서라는 용어는 마이크로셀러브리티가 지닌 마케팅 잠재력을 인정하는 용어이다(아비딘Abidin, 2017). 인플루언서들은 '팔로워'라는 용어가 소셜 미디어 인플루언서와 팔로워 사이의 거리를 좁혀 준다고 생각하기 때문에 팬이라는 용어보다 더 선호한다(아비딘, 2015). 이들은 자신을 다른 여느 사람들과 똑같다고 인식한다. 스냅챗Snapchat, 인스타그램Instagram 등과 같이 좀 더 새로운 형태가 더해지면서 소셜 미디어는 영역을 계속해서 확대해 나가고 있다(자일스, 2018).

소셜 미디어의 중요성이 갈수록 더 커지고 있기 때문에 마이크로셀러브리티와 그들의 팔로워가 활동하던 공간인 소셜 미디어를 주류의 셀러브리티도 받아들이고 있다(마윅과 보이드, 2011).

명성과 셀러브리티 추구

소셜 미디어가 인기를 끄는 큰 요인 중 하나는 사용자 입장에서 적어도 자신의 세계에서만큼은 명성, 셀러브리티의 지위, 인지도 향상이 어느 정도는 실현될 것이라는 전망 때문이다. 그린우드Greenwood(2013)는 설문 조사 결과 눈에 띄고 싶은 욕구가 소셜 미디어를 자주 사용할지 여부를 예측할 수 있는 가장 중요한 요인이라는 사실을 발견했다. 셀러브리티 중심의 소셜 미디어 사용(셀러브리티를 팔로우하고 그들이 게시한 글에 댓글을 다는 것)과 관련해서는 특히 그렇다.

우리 사회는 명성의 결과로 예상되는 물질적, 경제적 보상을 강조하기 때문에 '부유하고 유명한' 사람들에 끼고 싶어 하는 이들에게 명성 추구는 타당한 목표이다(홈스와 레드몬드, 2012). 일부 책에서는 셀러브리티와 명성의 부정적 측면을 강조하며 이러한 것이 사회에 해를 끼치고 부정적 영향을 미친다고 여긴다. 이 같은 생각이 사실일 수 있고 셀러브리티의 부정적 측면에 대해 살펴보기도 했지만(4장 참조) 셀러브리티가 잠재적으로 지니는 긍정적 측면들 또한 흥미롭다.

명성과 셀러브리티를 추구하는 이유가 개인의 삶에서 결핍된 것들이 있기 때문이라는 주장은 합리적 결론처럼 보인다. 많은 저자들이 같은 결론을 내놓기도 했다. 한편 여러 연구에서는 사회적 소속감에 대한 욕구를 근본적인 욕구로 파악한다(바우마이스터Baumeister와 레리Leary, 1995). 명성에 대한 욕구와 사회적 소속감에 대한 욕구를 연관 지어 생각하는 연구들이 있으며, 최근 연구(핑커Pinker, 2015)에서는 사회적 접촉과 사회적 소속감이 장수에 중요한 변수로 작용한다는 사실을 발견했다. 또한 죽음이 임박했다고 느낄 때 명성에 대한 욕구와 동경이 증가한다(그린버그Greenberg,

코슬로프Kosloff, 솔로몬Solomon, 코헨Cohen과 랜도Landau, 2010). 그린우드, 롱Long, 달 친Dal Cin(2013)은 소속되고 싶은 욕구뿐 아니라 자기도취 또한 명성에 대한 욕구를 증가시키는 요인이라고 밝혔다.

미디어 유명인과의 준 사회적(화답이 없는) 관계와 현실 세계에서 팬과 셀러브리티의 교류를 추구하는 데 있어 외로움이 어느 정도의 촉매제 역할을 하는가에 대해서는 엇갈린 해석들이 있다. 소셜 미디어에 대한 논의에서 이 질문이 특히 의미 있는 이유는, 소셜 미디어라는 공간에서 팬들이 어느 정도는 성공적으로 자신이 좋아하는 다양한 셀러브리티와 교류하고 있기 때문이다.

명성에 대한 욕구와 관련이 있다고 밝혀진 다른 심리적 요인에는 어떤 것이 있을까? 몰트비 등(2008)은 명성과 연관성을 지닌 아홉 가지 요인에 대해 살펴보았다. 처음 여섯 가지 요인은 '명성에 대한 암묵적 이론'에서 가장 중요하다. 이 이론은 타인이 왜 명성을 추구하는지에 대해 사람들이 기저에 가지고 있는 생각들을 가리킨다. 이 여섯 가지 요인은 야망, 타인과의 비교를 통한 의미 도출, 심리적 취약성, 관심 추구, 자만, 사회적 접근에 대한 욕구이다. 이 요인들보다 영향력이 약한 다른 세 가지 요인은 이타주의, 자신감, 매력이다. 같은 논문에 발표된 두 번째 연구에서는 허구적 사례들과 이 사례에서 파악된 명성에 대한 욕구를 평가했다. 그 결과 위의 여섯 가지 요인과 더불어 매력이 명성에 대한 타인의 욕구를 예측할 수 있는 강력한 요인이라는 사실을 다시 한 번 확인할 수 있었다.

실제로 정확히 얼마나 많은 사람들이 명성을 추구하는지에 대한 명확한 증거는 없다. 그린버그 등(2010)은 "아마도 대부분의 미국 국민들이 유명해지기를 원할 것이며 적어도 어린 시절에는 그랬을 것이다"(p. 6)라고 생각했지만 이러한 주장을 뒷받침하는 증거는 제시하지 않았다. 2006년 퓨 리서치 센터Pew Research Center의 조사에 따르면 18~25세의 연령대에서 과반수 이상이 자신의 세대에서 가장 중시하는 삶의 목표가 부와 명성이라고 밝혔다(코후트Kohut 외, 2006). 하지만 이는 몰트비 등(2008)이 발표한 연구 결과, 즉 "영국의 학습 기술 협의회Learning and Skills Council, LSC에 따르면, 16~19세 청소년의 16%가 현재 자신들이 유명해질 것이라고 믿고 있으며, 11%가 그 목표를 추구하기 위해 정규 교육을 기꺼이 중단할 의향이 있는 것으로 나타났다"(몰트비 외, 2008, p. 3; 터너, 2010)와 일치하지 않는다. 아마도 이러한 차이는 유명해지고 싶다는 욕구와 실제로 유명해질 것이라는 믿음의 차이 때문인 것으로 보인다.

명성에 대한 욕구나 유명인들과 인연을 맺고 싶어 하는 욕구는 우리 문화 속에 소셜 미디어가 폭발적으로 증가하는 한 가지 원인으로 보인다.

리얼리티 텔레비전 VS. 소셜 미디어

'부와 명성'을 자신의 궁극적 목표로 삼고 있는 것 같아 보이는 셀러브리티에 대해 이야기할 때 가장 대표적으로 인용되는 예가 자신들의 리얼리티 텔레비전 프로그램을 갖고 있는 카다시안 일가이다. 이 가족에 대해서는 너무 많은 이야기가 있기 때문에 더 보태고 싶지는 않다. 다만 3장에서 오스카 와일드의 예를 들어 설명했던 것처럼 이러한 범주의 셀러브리티가 새로운 것은 아니라는 사실은 밝혀 두겠다. 유명한 사람들 중에는 대중의 이목을 끌기 위해 어떤 일을 하고 그 결과로 유명해지는 경우가 가장 많다. '리얼리티 텔레비전' 프로그램과 같은 부류는 잠깐 동안 시선을 끌다가 다음 시즌이 시작되면 곧 바로 사라질 셀러브리티를 양산할 가능성이 가장 높은 것으로 보인다. '서바이버Survivor', '배첼러The Bachelor' 등과 비슷한 구성 방식의 프로그램들이 모두 그렇다. 이번 시즌의 출연자가 프로그램의 모든 어려움과 도전을 극복하고 난 후에는 이기든 지든 결국 다시 무명으로 돌아간다.

하지만 리얼리티 텔레비전 스타와 인터넷상의 마이크로셀러브리티 사이에는 큰 차이점이 있다. 사람들에게 노출되기 위해 인터넷을 이용하는 사람들의 목적이 항상 잘 알려지기 위한 것만은 아니다. 유튜브 형식을 이용해 자신의 음악 활동을 홍보하는 마이크로셀러브리티인 피터 홀렌스Peter Hollens의 경우를 예로 들 수 있다. 후원자들의 기부금 덕분에 그는 거의 전업으로 음악 활동을 이어 갈 수 있다. 마이크로셀러브리티에게 음악에 대한 사랑 같은 것이 명성에 대한 욕구만큼 큰 동기 부여가 된다고 볼 수 있다. 음반사와 계약을 맺을 수 있을 만큼 뛰어나지 않은 음악가들에게 인터넷은 계약 없이도 전업으로 음악 활동을 할 수 있는 장을 마련해 주었다. 한 세대 전에는 계약을 따내지 못하면 불가능한 일이었다.

기존 셀러브리티도 이용하는 소셜 미디어

마윅과 보이드(2011)는 자신들이 명명한 '네트워크화된 미디어'가 셀러브리티의 모습을 근본적으로 변화시켰다고 주장했다. 가장 큰 변화는 셀러브리티 자신이 홍보와 관련한 문제를 직접 처리할 수 있기 때문에 더 이상 홍보 담당자를 '중개인'으로 고용할 필요가 없어진 것이다. 대중과의 직접적인 의사소통은 셀러브리티가 관객과 접촉할 수 있는 중요한 방법이 되었다. 예를 들어 머라이어 캐리Mariah Carey, 마일리 사이러스Miley Cyrus, 페레즈 힐튼Perez Hilton 등은 트위터라는 미디어를 이용해 팬들과 접촉하고, 다른 스타들과의 관계를 과시한다. 주목할 만한 파파라치이자 온라인 가십 칼럼니스트이기도 한 힐튼의 경우와 같이 단순히 다른 스타들에 관한 트윗을 올린다.

소셜 미디어상의 온라인 가십은 1930년대 신문과 라디오에서 유통되던 월터 윈첼의 가십 칼럼과 비슷한 양상을 띤다. 오늘날과 다른 점은 윈첼의 시대에는 칼럼의 내용에 대해 의문이 있거나 대응을 하고 싶으면 이러한 대응을 실어 줄 또 다른 칼럼을 찾거나 위협적인 윈첼에게 접근해서 칼럼 내용을 철회해 달라고 요청하는, 절대 쉽지 않은 과정을 거쳐야 했다. 오늘날에는 가십적인 성격의 트윗에는 트윗으로 대응할 수 있기 때문에 해당 가십의 확산을 효과적으로 중단시키거나 혹은 더 악화시킬 수 있다. 트위터의 역학 관계는 복잡해서 셀러브리티 뿐만 아니라 팬들 사이에서도 트위터 전쟁은 아주 빈번하게 일어난다.

대표적 사례

21세기의 탈대중화된 미디어를 보면, 조시 그로반은 셀러브리티라는 직업에 대한 새로운 모델을 제시하고 있다. '앨리 맥빌'(2001)에 출연 요청을 받았을 때 그로반은 대중음악 스타로서 아직 첫 앨범을 녹음하던 중이었다. 해당 회차 방송의 마지막에 노래를 하는 캐릭터를 연기했는데 시청자의 반응이 뜨거웠다. 다음 날 아침 방송국에는 '그 젊은 남자는 누구예요?', '그 사람이 실제로 노래한 거예요?'라는 문의 전화가 쇄도했다. 그의 큰 성량이 왜소한 체격이나 어려 보이는 얼굴과는 정말 어울리지 않았기 때문이었다. 그로반은 다음 행보에서 미디어의 '새로운 질서'를 보여 주었다. 그는 직접 웹 사이트를 열어 대화 게시판을 개설한 후, 이제 막 활동을 시작한 가수의 새로운 팬을 자처하는 100명 남짓한 사람들과 대화를 시작했다.

그로반은 워너 브라더스와 음반 계약을 체결했기 때문에 매니저, 중개인과 함께 일을 시작했고 그들은 그로반의 이미지를 '관리'하기 위해 많은 노력을 기울였다. 다양한 인터뷰를 시도함으로써 당시 대세였던 '옆집 소년' 이미지와 클래식 풍의 대중음악을 하는 아주 어린 가수 이미지가 차례로 구축되었다. 이후 그의 경력에서 결정적인 순간, 즉 인기가 급상승하게 된 순간은 2002년 4월 12일 미국의 뉴스 프로그램 '20/20'에서 그로반에 대한 내용을 다루었을 때였다. 해당 프로그램에서는 월드 시리즈에서 국가를 부르는 장면, 2002년 동계 올림픽 폐막식에서 노래를 부르는 장면, '앨리 맥빌' 출연 장면 등 그때까지 그로반이 등장한 모든 장소를 모아서 보도했다. 프로그램이 방송되고 바로 다음 주 그로반의 데뷔 앨범 순위는 빌보드 앨범 차트 112위에서 탑 10으로 껑충 뛰었다. 그 이후로 그는 뒤를 돌아보지 않고 달렸다. 한 텔레비전 뉴스 프로그램이 그로반의 성공에 미친 결정적 영향을 무시할 수 없다. 미디어의 탈대중화 시대에도 매스 미디어는 여전히 성공에 중요한 영향을 미친다.

2008년 즈음 27세의 그로반은 그의 전 매니저들과 결별하고 새로운 대리인을 고용해 덜 관리되고 팬들에게 더 다가가는 새로운 이미지를 본격적으로 구축해 나갔다. '지미 키멜 라이브 쇼'에 여러 회 출연하고 지미 키멜이 연예인을 상대로 장난을 치는 동영상에 등장하면서 그로반은 이제까지와는 다른, 성인들의 외설스러운 유머에도 어울리는 새로운 이미지를 얻게 되었다. 셀러브리티들이 경쟁팀으로 참여해서 자신의 유명세에 걸맞지 않게 재미를 위해 망가지는 영국의 텔레비전 시리즈 '네버 마인드 더 버즈콕스Never Mind the Buzzcocks' 등에도 출연하기 시작했다. 그로반은 2008년 12월에 이 프로그램에 처음 출연한 이후 2010년에는 사회자로 다시 초대되었다.

이와 같이 경력상의 방향 전환을 모색하기 위해 그로반은 2009년 7월 첫 트윗을 시작으로 줄곧 자신의 팬과 다른 셀러브리티의 세계를 포함한 일반 대중과의 긴 대화를 이어 나갔다. 그로반은 그의 팬들에게 이야기를 하기 위해서만이 아니라 다른 셀러브리티를 만나기 위해 트위터를 통한 인적 네트워크를 구성했다. 그로반은 영향력 있는 셀러브리티 트위터 이용자로 여겨진다. 실제로 그는 트위터를 통해 텔레비전 관련 작업에 참여하기도 한다. 눈에 띄는 예로 '오피스The Office'의 민디 캘링Mindy Kaling이 2011년 해당 프로그램에 출연 의사가 있는지 물어보았을 때를 들 수 있다. 어떻게 전통적인 섭외 경로인 대리인과 매니저를 거치지 않고 연주자가 소셜 미디어를 통해 직접 일을 구할 수 있는지를 보여 주는 예이다.

2013년 9월 그로반은 여러 개의 우스꽝스러운 트윗을 올렸는데, '시체 숨기기'에 관해 문자 메시지로 보내야 할 것을 실수로 트윗에 올린 것처럼 가장한 것이었다. 그로반의 이러한 전형적인 트위터 장난을 두고 셀러브리티 가십 웹 사이트 버즈피드www.buzzfeed.com는 다음과 같이 말했다.

좀 이상하기는 하지만 셀러브리티의 삶을 잠시 들여다보거나 흥미로운 음모를 위해 고안된 잘 짜인 그림을 보며 웃음을 터트릴 수 있다면? 어느 쪽이든 셀러브리티 트위터 계정의 힘—그리고 가능성—을 볼 수 있을 것이다. 많은 셀러브리티들이 자신의 상품을 홍보하거나 팬들과 의사소통을 위해 소셜 미디어를 사용하지만 그로반과 팬들은 셀러브리티 숭배 열풍의 우스꽝스러움을 깨달은 듯하다. 그래서인지 그로반은 자신에게 유리한 방식으로, 그리고 우리의 즐거움을 위해 소셜 미디어를 사용한다.

아직 @JoshGroban 계정을 팔로우하지 않고 있다면 해야 할 것이다. 그는 2년 연속 팔로우해야 할 탑 트위터로 선정된 바 있다.

이와 함께 그로반의 트위터 활동에 큰 기여를 했던 것 중 하나가 '지미 키멜 쇼'에 두 번 출연해 다른 사람들의 트윗을 보고 노래를 만든 일이었다. 첫 번째는 카니예 웨스트Kanye West, 두 번째는 도널드 트럼프Donald Trump의 트윗을 보고 노래를 만들었다. 그로반은 그의 유머를 재미있어 하지만 그의 음악에는 관심이 없는 새로운 관객들을 끌어들이기 위해 어떻게 그다지 무겁지 않은 방식으로 트위터를 이용할 수 있는지를 보여 주었다. 뿐만 아니라 그로반은 (많은 셀러브리티들이 그러하듯이) 자신의 정치적 의견을 솔직하게 표시하는 장소로 거리낌 없이 트위터를 이용한다.

그로반의 트위터 활동의 특징 중 하나는 팬들에게 자주 트윗을 보내고 팬의 트윗에 좋아요 표시를 자주 한다는 것이다. 마윅과 보이드(2011)는 셀러브리티가 트위터를 이용하는 다양한 방식에 대해 설명했는데, 트위터를 팬과 접촉할 수 있는 기회로 이용하는 그로반은 확실히 상호 교류에 더 중점을 두는 쪽에 속한다. 나는 '친절한 지인'으로서의 셀러브리티에 대한 글(스티버, 2016a)에서 그로반이 트위터 상에서 알게 된 팬들을 직접 만나고 팬들의 트위터를 찾아가 인사를 남기는 경우를 소개했다. 또한 내 학생들과 나는 많은 셀러브리티 트위터 페이지를 살펴본 후 우리가 연구한 셀러브리티 중에 이러한 상호 교류를 중시하는 부류가 많다는 사실을 알게 되었다. 네이선 필리언, 윌리엄 새들러 William Sadler, 제리 라이언, 브렌트 스파이너Brent Spiner, 윌리엄 샤트너 외에도 여러 셀러브리티가 모두 자신의 계정으로 트위터 활동을 하고 있다. (이와 같은 사실은 대부분 SF 컨벤션이나 다른 미디어와의 인터뷰에서 셀러브리티 스스로 밝힌 내용을 통해 알 수 있다.)

다른 사례

클릭Click, 현지Hyunji, 윌슨 홀러데이Willson Holladay(2013)는 레이디 가가 또한 이와 비슷한 방식으로 소셜 미디어를 사용해 자신이 '리틀 몬스터Little Monsters'라고 부르는 팬들과 소통하고 있음을 알았다. @gagamonster96, @gagamonster13 등(이러한 계정은 수십 개에 달한다)의 트위터 ID에서 알 수 있듯이 팬들은 그녀가 자신들에게 붙여 준 이름을 활용해 ID로 사용한다. 또한 @gagaloverNE, @KingLadyGaga, @ladygaga8596 등도 가가의 팬임을 자처하는 트위터 ID이다.

마윅과 보이드(2011)가 설명한 '퍼포먼스'로서의 소셜 미디어의 개념과 마찬가지로 레이디 가가는 "내 모든 삶은 퍼포먼스다… 나는 매일 더 큰 모험을 해야 한다"라고 말했다(스테인Stein과 마이컬슨Michelson, 2009, p. 109). 레이디 가가는 페이스북(2018년 3월 7일 현재 5600만 명), 트위터(2018년 3월 7일 현재 7750만 명), 유튜브(조회수 12억 회) 모두에 막대한 수의 팬을 거느리고 있다. 특히 이러한 팬과 셀러브리티의 관계는 상상 속에 머물지 않는다(코헤이Caughey, 1984). 상당수가 팬인 12만 8000명의 트위터 계정을 '마더 몬스터Mother Monster'가 실제로 팔로우하고 화답을 하는 관계이다.

2015년 소피아 캇살리Sofia Katsali는 '셀러브리티의 소셜 미디어 사용법'이라는 글을 발표했다. 이 논문에는 세 가지 규칙이 담겨 있다. 첫째, 지루하면 안 된다. 둘째, 팬에게 지속적으로 친근하게 다가가야 한다. 셋째, 팬이 특별한 대우를 받는다는 느낌이 들게 해야 한다. 그리고 캇살리의 조언에는 아래와 같은 예들이 포함되어 있다.

> 테일러 스위프트Taylor Swift처럼 팬의 텀블러에서 게시글을 리블로그(퍼오기)하라. 호세 바티스타Jose Bautista처럼 페리스코프Periscope에서 팬의 질문에 답을 하라. 사소한 것들을 잊지 마라. 매주 몇 개의 트윗에 답을 하라. 자신의 페이스북 댓글 2~3개에 '좋아요'를 눌러라. 나를 그려 인스타그램에 올린 재능 있는 팬에게는 애정을 표시하라.

사실 이러한 방법들은 많은 셀러브리티들이 소셜 미디어에서 팬들과 교류하기 위해 실제 이용하는 방법으로 보이며, 그 결과 팔로워 수가 늘고 전반적인 경력에 도움이 되기도 한다. 소셜 미디어는 이제 더 이상 마이크로셀러브리티의 전용 공간이 아니라 모든 수준의 셀러브리티가 이용하고 있다.

인스턴트 셀러브리티

소셜 미디어를 보면 '바이럴(going viral, 입소문이 나다)'이라고 하는 현재의 미디어 트렌드가 존재한다. 바이러스처럼 빠르게 전파된다는 의미의 인스턴트 셀러브리티가 생겨날 수 있는데, 이는 모든 상황을 실시간으로 기록할 수 있는 휴대 전화가 존재하기 때문에 가능하다. 그 예로 2018년 4월 와플 가게에서 총기 난사 사건의 범인을 제압한 제임스 쇼 주니어James Shaw Jr. 같은 인스턴트 영웅들이 탄생했다. 인스턴트 셀러브리티들 중에는 자신의 경험에서 비롯된 사회적 운동을 통해 유명해진 경우도 있다. 2018년 2월

플로리다주 파크랜드의 한 고등학교에서 벌어진 총격 사건의 피해자들이 사건 이후 총기 규제 캠페인을 벌인 경우가 대표적인 예이다. 그 결과 이 운동에 사람들을 결집시킨 앤서니 보르헤스Anthony Borges, 에마 곤잘레즈Emma Gonzales, 데이비드 호그David Hogg 등의 학생들은 국제적인 명성을 얻는가 하면 2018년 4월 2일자 『타임』의 표지 모델이 되기도 했다.

역효과를 낳는 경우

자신의 경력을 홍보하고 팬과의 접촉을 위해 소셜 미디어를 이용하는 사람들에게 소셜 미디어는 양날의 검이 될 수 있다. 정치적 견해를 솔직하게 드러내거나 인종 차별, 성차별 또는 다른 여러 편견들에 대한 자신의 생각을 표현하는 일은 셀러브리티의 경력에 치명타가 될 수 있다. 후보 정치인을 지지하는 트윗을 올리거나 소수 집단에 대한 자신의 신념을 솔직히 밝힐 경우 셀러브리티의 생각에 동의하지 않는 팬들은 등을 돌릴 수 있다. 뿐만 아니라 소셜 미디어에서 부적절한 포스팅이나 의견 표명을 한 것이 발각되면 셀러브리티는 소셜 미디어 때문에 직업을 잃을 수도 있다. 예를 들어 앤서니 위너Anthony Weiner는 2011년 실수로 음란한 사진을 트위터에 올린 후 결국 미국 하원 의원직에서 물러났고 찰리 쉰Charlie Sheen은 같은 해인 2011년 트위터에서 자신의 상사를 비판한 후 주연으로 출연 중이던 '두 남자와 2분의 1Two and a Half Men'에서 하차해야 했다. 뿐만 아니라 위에서 언급했던 인스턴트 셀러브리티는 논란의 소지가 많은 견해를 내놓았을 때 소셜 미디어 내 폭력의 대상이 될 수도 있다. 이와 같이 소셜 미디어의 어두운 측면은 소셜 미디어 형식에서 얻을 수 있는 혜택과 비교하여 평가가 이루어져야 한다.

07
21세기의 셀러브리티

현재의 21세기 셀러브리티에 대해 어떠한 결론을 내릴 수 있을까? 셀러브리티가 금전적 이익과 부를 추구하기 위한 수단에 지나지 않는다고 보는 일부 시각에서는 이 주제에 대해 냉소적이다. 셀러브리티는 흔히 말하는 '부와 명성'을 얻기 위한 수단인 것이다. 그렇다면 이러한 정형화된 시각 외에 셀러브리티를 또 어떻게 볼 수 있을까?

1990년 나는 폴 매카트니의 팬들과 상당히 오랜 시간을 함께 보냈다. 비틀스의 공연에 두 차례 참석했고 소규모 팬 집단과 함께 애리조나주 피닉스(당시 내가 거주하던 곳이다)

의 지역 팬 모임에 참석했다. 대부분 여성들로 이루어진 이 팬 집단과 함께 시간을 보낸 이후 이들이 폴 매카트니 경에게 깊은 존경심과 애착을 갖고 있다는 사실을 분명히 알 수 있었다. 또한 내가 어린 시절부터 비틀스의 팬이기는 했지만 나는 그들에 속하지 않는다는 사실도 분명히 알 수 있었다. 실제로 이 팬들이 나에게 그렇게 말했다. 어릴 때부터 비틀스의 팬인 것과 자신들이 오랜 세월 비틀스의 한 멤버인 폴 매카트니에게 헌신해 온 것은 다르다고 아주 친절하게 말해 주었는데, 그 말에 동의하지 않을 수 없었다. 매카트니는 그해 투어 공연 중이었고 나는 조사 자료를 취합하고 팬들을 인터뷰하던 곳인 피닉스에서 그의 공연을 관람했다. 매카트니는 우리 시대의 위대한 슈퍼스타 중 한 사람이다. 비틀스는 이 책의 앞부분에서 다루었듯이 상징적인 위치를 차지하고 있다. 미디어 스타의 시대에 비틀스는 대 스타들 중에서도 단연 두드러진다.

2018년 3월 24일 17명이 목숨을 잃은 플로리다주 파크랜드의 고등학교 총격 사건에 대한 반응으로 미국 전역에서 총기 폭력에 반대하는 항의 시위가 벌어졌다. 수백만 명이 이 시위에 동참했다. 뉴욕 시에서 '우리가 총기 폭력을 끝낼 수 있어요'라고 적힌 티셔츠를 입고 있는 시위 군중 속에 함께 있던 폴 매카트니가 한 기자에게 "저도 다른 사람들과 똑같아요. 제 가장 친한 친구 중 한 명이 바로 이 근처에서 총을 맞고 숨졌어요. 저에게는 오늘 행진하는 것뿐 아니라 앞으로 조치를 취하는 것이 중요합니다."라고 말했다. 나는 그 기사를 발견했을 때 그의 사진과 보도 내용을 나의 페이스북 페이지에 게시했다. 그 무렵의 모든 이야기 중 이 이야기는 나의 그 어떤 게시물보다 좋아요를 많이 받았고 가장 많이 공유되었다. 사람들은 행진하는 동안 매카트니가 함께 있었다는 사실에 감동했다.

심리학에서 우리는 동기 부여와 감정, 그리고 의미 등에 대해 연구한다. 중요한 의미가 있는 일일 때 기억은 가장 생생하며, 장기간의 깊은 감정과 관련된 일이 인간 행동에 가장 강력한 동기 부여가 된다. 세상을 떠난 자신의 친구 존 레논John Lennon을 기억하며 총기 폭력에 반대하는 행진을 하는 폴 매카트니 경 같은 셀러브리티는 사람들의 감성을 흔드는 중요한 의미를 지니며 우리의 존경심을 자아낸다. 정신 질환이 있는 팬에 의해 인생의 전성기에 총을 맞고 쓰러진 존 레논의 죽음은 20세기 셀러브리티 삶의 불운

하고 힘든 면에 대해 많은 것을 시사한다. 또 존 레논을 기억하며 행진하는 매카트니는 21세기 셀러브리티가 지닌 영향력의 좋은 면에 대해 많은 것을 시사한다. 활동가인 로나 매 존슨Lorna Mae Johnson과의 휴대 전화 인터뷰에서 폴 매카트니는 젊은이들에게 "나가서 투표하세요. 세상을 바꾸세요. 여러분 손에 달려 있습니다."라는 메시지를 던졌다. 우리가 관심을 기울이고 더 많은 사람들이 그에게 귀 기울였던 이유는 그가 누구인지, 그가 무엇을 위해 행진했는지 때문이었다.

셀러브리티는 브랜드를 홍보하는 수단이 될 수 있다. 중요한 메시지를 증폭시키는 수단도 될 수 있다. 셀러브리티의 영향을 생각할 때 이 두 가지 측면을 모두 고려하는 것이 중요하다. 셀러브리티 각자가 고유한 개인이다. 그들 중 일부 사람들, 폴 매카트니 경처럼 진실하고 군중과 함께 행진할 만큼 용기 있는 사람들은 오늘날 셀러브리티에게 주어지는 관심에 힘입어 자신만의 유일무이한 목소리로 대중에게 이야기를 건넬 수 있다.

감사의 글

이 책을 쓰는 과정이 나에게는 하나의 여정이었다. 지난 수년간 셀러브리티가 팬들과 어떻게 소통하는지를 주제로 깊이 있는 연구를 해 왔지만, 갈수록 확대되는 셀러브리티의 범주는 언제나 새롭게 다가왔다. 나의 여정은 1988년 마이클 잭슨의 팬들에 관한 석사 논문을 준비하면서 시작되었다. 그동안 참여 관찰자로서 '스타 트렉: 딥 스페이스 나인'과 전체 '스타 트렉' 시리즈를 중심으로 마돈나, 브루스 스프링스틴, 프린스, 조지 마이클, 폴 매카트니, '반지의 제왕'의 팬덤과 그 외에 다른 여러 매체의 팬덤을 심층적으로 연구했다. 2005년부터 현재까지는 조시 그로반의 팬들에 대한 연구를 진행하고 있는데 그의 팬들은 관대하고 호의적이며, 나의 연구에 힘이 되어 주고 있다. 수백 건의 설문지를 작성하고 논문의 초고를 읽어 주었으며, 그 외에도 다양한 방식으로 지난 13년간 나에게 도움을 주었다. 조시 그로반 또한 영광스러운 첫 만남이 있었던 2006년부터 현재까지 나의 여러 논문을 읽고 이에 대해 힘이 되는 이야기를 해주었다. 수년간 내가 간행한 출판물이 참고문헌 목록에 실려 있으며 리서치게이트ResearchGate.net에서도 찾아볼 수 있다.

뉴욕 주립 대학교 엠파이어 스테이트 칼리지와 내 동료들의 한결같은 응원이 없었다면 이 책을 출간하지 못했을 것이다. 대학에서는 책에 전념할 수 있도록 자유 시간을 허락해 주었고 동료들은 집필 과정 내내 관심과 응원을 보내주었다. 정말 감사하다.

'딥 스페이스 나인'에 출연한 배우이자 나의 벗인 린 어벌조노이스, 아론 아이젠버그, 체이스 마스터슨, 앤드류 로빈슨, 아민 시머만, 알렉산더 시디그는 인터뷰에 응하고 자신들의 의견도 제시해 주었다. '스타 트렉'과 같은 유명 시리즈물에 출연한 셀러브리티가 이토록 친절하게 관심을 기울여 주었다는 사실과 이들이 나의 질문에 얼마나 깊이 있게 접근했는지만 보더라도 오늘날 우리 문화 속에서 셀러브리티가 어떤 성격을 띠는지를 여실히 알 수 있다. 팬 문화에 대한 나의 글과 생각에 중요한 의견을 준 이 친구들에게 항상 감사했고 이 자리를 빌려 다시 한 번 감사의 마음을 전하고 싶다.

나의 편집장인 엘리너 리디의 지원과 통찰력이 없었다면 나는 이 책을 마치지 못했을 것이다. 내 제안서의 1차 익명 심사자들과 마찬가지로 데이비드 자일스는 이 책의 집필 과정 전반에 걸쳐 큰 도움을 주었다. 벗이자 동료인 로레인 랜더와 질 올리버는 1장부터 6장까지 책 전체를 읽고 비평해 주었으며 편집에도 도움을 주었다. 역사학자인 웨인 윌리스는 이 프로젝트의 시작부터 끝까지 나를 이끌어 주었을 뿐만 아니라 오스카 와일드, 월터 윈첼, 베이브 루스 같은 대단한 셀러브리티들에 대한 정보를 주었다. 수지 호튼, 마리 프레이타스, 카렌 산티니, 린다 버넷, 마거릿 크라우스, 제인 러머스, 게일 린 고든, 그리고 나의 두 아들 스콧 스티버와 폴 스티버는 책을 읽고 인터뷰에 응해 주었으며, 소중한 의견도 제시했다. 나의 형제들인 제프 예터와 빅터 예터는 나의 일에 항상 격려와 응원을 보내 주었다. 그리고 남편 존 스티버의 한결같은 지원이 없었다면 (그리고 날카로운 눈으로 교정을 도와주지 않았다면) 내가 하는 모든 일이 불가능했을 것이다.

추가자료

Bandura, A. (2001). Social cognitive theory of mass communication. *Media Psychology*, 3(3), 265-299.

Bennett, J. (2011). *Television personalities: Stardom and the small screen*. New York: Routledge.

Cashmore, E. (2014). *Celebrity culture*. New York: Routledge.

Giles, D. C. (2018). *Twenty-first century: Fame in digital culture*. Bingley, Yorks: Emerald.

Hazan, C., & Shaver, P. (1994). Attachment as an organizational framework for research on close relationship. *Psychological Inquiry*, 5, 1-22.

Levinson, D. J. (1986). A conception of adult development. *American Psychologist*, 41(1), 3.

McLeod, S. A. (2007). Bowlby's attachment theory. *Simply Psychology*. Retrieved from www.simplypsychology.org/bowlby.html

McLeod, S. A. (2008). Social identity theory. *Simply Psychology*. Retrieved from www.simplypsychology.org/social-identity-theory.html

McLeod, S. A. (2015). *Skinner - operant conditioning*. Retrieved from www.simplypsy chology.org/operant-conditioning.html

McLeod, S. A. (2017). Erik Erikson. *Simply Psychology*. Retrieved from

www.simplypsychology.org/Erik-Erikson.html
Sannicolas, N. (1997). Erving Goffman, dramaturgy, and on-line relationships.*Cibersociology Site*. Retrieved from www.cybersociology.com/files/1_2_sannicolas.html
Stever, G. S. (2013). Mediated vs. parasocial relationships: An attachment perspective. *Journal of Media Psychology*, 17(3), 1-31.

참고문헌

Abidin, C. (2015). Communicative intimacies: Influencers and perceived interconnectedness. *Ada: A Journal of Gender, New Media, and Technology*, (8). Retrieved from http://adanewmedia.org/blog/2015/11/01/issue8-abidin/

Abidin, C. (2017). Influencer extravaganza. In L. Hjorth, H. Horst, G. Bell, & A. Galloway (Eds.), The Routledge companion to digital ethnography (pp. 158-168). New York: Routledge.

Barry, E. (2008). Celebrity, cultural production and public life. *International Journal of Cultural Studies*, 11, 251-258. doi:10.1177/1367877908092583

Basil, M. D. (1996). Identification as a mediator of celebrity effects. *Journal of Broadcasting & Electronic Media*, 40(4), 478-495.

Baumeister, R. F., & Leary, M. R. (1995). The need to belong: Desire for interpersonal attachments as a fundamental human motivation. *Psychological Bulletin*, 117(3), 497.

Bloland, S. E. (2005). *In the shadow of fame: A memoir by the daughter of Erik H. Erikson*. New York: Viking.

Boorstin, D. J. (1961). *The image: A guide to pseudo-events in America*. New York: Vintage Books.

Boykoff, M. T., & Goodman, M. K. (2009). Conspicuous redemption? Reflections on the promises and perils of the 'celebritization' of climate change. *Geoforum*, 40(3), 395-406.

Braudy, L. (1997). *The frenzy of renown: Fame & its history*. New York: Vintage Books.

Brock, C. (2006). *The feminization of fame 1750-1830*. London: Palgrave MacMillan.

Caughey, J. L. (1984). *Imaginary social worlds: A cultural approach*. Lincoln: University of Nebraska Press.

Chernow, R. (2005). *Alexander Hamilton*. New York: Penguin.

Click, M. A., Hyunji, L., & Willson Holladay, H. (2013). Making monsters: Lady Gaga, fan identification, and social media. *Popular Music and Society*, 36(3), 360-379. doi:10.1080/03007766.2013.798546

Couldry, N. (2003). *Media rituals: A critical approach*. London: Psychology Press.

Couldry, N. (2004). Theorising media as practice. *Social Semiotics*, 14(2), 115-132.

Driessens, O. (2013). The celebritization of society and culture: Understanding the structural dynamics of celebrity culture. *International Journal of Cultural Studies*, 16(6), 641-657.

Driessens, O. (2015). Expanding celebrity studies' research agenda: Theoretical opportunities and methodological challenges in interviewing celebrities. *Celebrity Studies*, 6(2), 192-205.

Dumenco, S. (2016). Yes he can? Here's how Trump could win | Campaign trail. *AdAge*. Retrieved September 24, 2016, from http://adage.com/article/campaign-trail/trump-win/305800/

Dyer, R. (2004). *Heavenly bodies: Film stars and society*. New York:

Psychology Press.

Ferris, K. O., & Harris, S. R. (2011). *Stargazing: Celebrity, fame, and social interaction*. London: Routledge.

Fraser, B. P., & Brown, W. J. (2002). Media, celebrities, and social influence: Identification with Elvis Presley. *Mass Communication & Society*, 5(2), 183-206.

Friedman, D. M. (2014). *Wilde in America: Oscar Wilde and the invention of modern celebrity*. New York & London: W.W. Norton & Company.

Gabler, N. (1995). *Winchell: Gossip, power and the culture of celebrity*. New York: Vintage Books.

Gamson, J. (1994). *Claims to fame: Celebrity in contemporary America*. Berkeley, CA: University of California Press.

Gardner, A. (1990). *Ava: My story*. New York: Bantam & Greenwood Press.

Garland, R. (2010). Celebrity ancient and modern. *Society*, 47(6), 484-488.

Giles, D. (2000). *Illusions of immortality: A psychology of fame and celebrity*. Basingstoke: Palgrave Macmillan.

Gledhill, C. (Ed.). (1991). *Stardom: Industry of desire*. New York: Psychology Press.

Glueck, G. (1980). Retrieved from www.nytimes.com/1980/04/08/archives/salk-studies-mans-future-salk-studies-mans-future-renewed-interest.html?sq=Salk+Studies+Man%2527s+Future&scp=1&st=p

Goffman, E. (1959). *The presentation of self in everyday life*. New York: Anchor Books.

Greenberg, J., Kosloff, S., Solomon, S., Cohen, F., & Landau, M. (2010).

Toward understanding the fame game: The effect of mortality salience on the appeal of fame. *Self and Identity*, 9(1), 1-18.

Greenwood, D. N. (2013). Fame, Facebook, and Twitter: How attitudes about fame predict frequency and nature of social media use. *Psychology of Popular Media Culture*, 2(4), 222.

Greenwood, D. N., Long, C. R., & Dal Cin, S. (2013). Fame and the social self: The need to belong, narcissism, and relatedness predict the appeal of fame. *Personality and Individual Differences*, 55(5), 490-495.

Harrington, C. (2010). *Soap fans: Pursuing pleasure and making meaning in everyday life*. Philadelphia: Temple University Press.

Hills, M. (2016). From para-social to multisocial interaction. In P. D. Marshall & S. Redmond (Eds.), *A companion to celebrity* (pp. 463-482). Malden, MA: Wiley-Blackwell.

Holmes, S., & Redmond, S. (Eds.). (2006). *Framing celebrity: New directions in celebrity culture*. London: Routledge.

Holmes, S., & Redmond, S. (Eds.) (2012). *Framing celebrity: New directions in celebrity culture*. London: Routledge.

Horton, D., & Richard Wohl, R. (1956). Mass communication and para-social interaction: Observations on intimacy at a distance. *Psychiatry*, 19(3), 215-229.

Inglis, F. (2010). *A short history of celebrity*. Princeton, NJ: Princeton University Press.

Jenson, J. (1992). Fandom as pathology: The consequences of characterization. In *The adoring audience: Fan culture and popular media* (pp. 9-29). London: Routledge.

Katsali, S. (2015). *How to use social media if you are a celebrity*. Retrieved from www.huffingtonpost.com/sofia-katsali/how-to-use-socialmedia-i_b_8752130.html

Kennedy, A. (2016). *Einstein: A life of genius* (The true story of Albert Einstein) (Historical Biographies of Famous People). New York: Fritzen Publishing LLC

Kohut, A., Keeter, S., Doherty, C., Dimock, M., Funk, C., Wike, R., . . . Albrittain, J. (2006). *How young people view their lives, futures and politics: A portrait of "Generation Next"*. Washington, DC: The Pew Research Center.

Kurzman, C., Anderson, C., Key, C., Lee, Y. O., Moloney, M., Silver, A., & Van Ryn, M. W. (2007). Celebrity status. *Sociological Theory*, 25(4), 347-367.

Lamare, A. (2014). Retrieved from www.celebritynetworth.com/articles/entertainment-articles/amazing-story-keanu-reeves-gave-away-75-million-matrix-salary/

Luckhurst, M., & Moody, J. (Eds.). (2005). *Theatre and celebrity in Britain*, 1660-2000(p. 173). Basingstoke: Palgrave Macmillan.

Maltby, J., Day, L., Giles, D., Gillett, R., Quick, M., Langcaster-James, H., & Linley, P. A. (2008). Implicit theories of a desire for fame. *British Journal of Psychology*, 99(2), 279-292.

Mander, J. (1978). *Four arguments for the elimination of television* (pp. 15-16). New York: Quill.

Marshall, P. D. (1997). *Celebrity and power: Fame in contemporary culture*. Minneapolis, MN: University of Minnesota Press.

Marwick, A. E., & boyd, D. (2011). I tweet honestly, I tweet passionately: Twitter users, context collapse, and the imagined audience. *New Media & Society*, 13(1), 114-133.

McCarley, N. G., & Escoto, C. A. (2003). Celebrity worship and psychological type. *North American Journal of Psychology*, 5(1),

117–120.
McCracken, G. (1989). Who is the celebrity endorser? Cultural foundations of the endorsement process. *Journal of Consumer Research*, 16(3), 310–321.
McCullough, D. (2002). *John Adams*. New York: Simon and Schuster.
McCullough, D. (2015). *The Wright Brothers*. New York: Simon and Schuster.
McCutcheon, L. E., Maltby, J., Houran, J., & Ashe, D. D. (2004). *Celebrity worshippers: Inside the minds of stargazers*. Baltimore, MD: PublishAmerica.
Miller, A. (2013). *Timebends: A life*. New York: Grove & Atlantic, Inc.
Mills, C. W. (1981). *The power elite [1956]*. London: Oxford University Press.
Mole, T. (2009). *Romanticism and celebrity culture, 1750–1850* (T. Mole, Ed.). Cambridge: Cambridge University Press.
Myers, I., & Myers, P. (2010). *Gifts differing: Understanding personality type*. London: Nicholas Brealey Publishing.
Park, R. E. (1950). *Race and culture*. New York: Free Press.
Parry-Giles, T. (2008). Fame, celebrity, and the legacy of John Adams. *Western Journal of Communication*, 72(1), 83–101.
Pinker, S. (2015). *The village effect: How face-to-face contact can make us healthier and happier*. Toronto, Canada: Vintage Books.
Postman, N. (2006). *Amusing ourselves to death: Public discourse in the age of show business*. New York: Penguin.
Putnam, R. D. (2001). *Bowling alone: The collapse and revival of American community*. New York: Simon and Schuster.
Robinson, A. (2015). *Stepping into the light: Sources of an actor's craft*. Los Angeles, CA: Figueroa Press.

Rojek, C. (2001). *Celebrity*. New York: John Wiley & Sons, Ltd.

Schickel, R. (2000). *Intimate strangers: The culture of celebrity in America*. Chicago: Ivan R. Dee.

Schwartz, S. H. (2012). An overview of the Schwartz theory of basic values. Online Readings in *Psychology and Culture*, 2(1). Retrieved from https://doi.org/10.9707/2307-0919.1116

Senft, T. M. (2008). *Camgirls: Celebrity and community in the age of social networks*. New York: Peter Lang.

Soukup, C. (2006). Hitching a ride on a star: Celebrity, fandom, and identification on the World Wide Web. *Southern Communication Journal*, 71(4), 319-337.

Stein, J. D., & Michelson, N. (2009). The lady is a vamp. *Out, Out Mag*.

Sternheimer, K. (2015). *Celebrity culture and the American dream: Stardom and social mobility*. New York: Routledge.

Stever, G. (1991a). The celebrity appeal questionnaire. *Psychological Reports*, 68, 859-866.

Stever, G. (1991b). Imaginary social relationships and personality correlates. *Journal of Psychological Type*, 21, 68-76.

Stever, G. (1994). *Parasocial attachments: Motivational antecedents* (Doctoral Dissertation), Arizona State University, Tempe, AZ.

Stever, G. (1995). Gender by type interaction effects in mass media subcultures. *Journal of Psychological Type*, 32, 3-12.

Stever, G. (2008). The celebrity appeal questionnaire: Sex, entertainment or leadership. *Psychological Reports*, 103, 113-120.

Stever, G. (2009). Parasocial and social interaction with celebrities: Classification of media fans. *Journal of Media Psychology*, 14(3), 1-39.

Stever, G. (2011a). 1989 vs. 2009: A comparative analysis of music superstars Michael Jackson and Josh Groban, and their fans. *Journal*

of Media Psychology, 16(1).
Stever, G. (2011b). Celebrity worship: Critiquing a construct. *Journal of Applied Social Psychology*, 41(6).
Stever, G. S. (2011c). Fan behavior and lifespan development theory: Explaining para-social and social attachment to celebrities. *Journal of Adult Development*, 18(1), 1-7.
Stever, G. (2016a). Meeting Josh Groban (again): Fan/celebrity contact as ordinary behavior. *International Association for the Study of Popular Music Journal*, 6(1), 104-120.
Stever, G. (2016b). Parasocial interaction: Concept and impact (incl. measurement and scales). In *International encyclopedia of media effects*. London: Wiley-Blackwell.
Stever, G., & Lawson, K. (2013). Twitter as a way for celebrities to communicate with fans: Implications for the study of parasocial interaction. *North American Journal of Psychology*, 15(2), 597-612.
Swain, M. H. (1982). Abigail Adams: An American woman. *The History Teacher*, 15(2), 292.
Tajfel, H. (1970). Experiments in intergroup discrimination. *Scientific American*, 223(5), 96-103.
Thomson, M. (2006). Human brands: Investigating antecedents to consumers' strong attachments to celebrities. *Journal of Marketing*, 70(3), 104-119.
Toffler, A. (1980). *The third wave* (Vol. 484). New York: Bantam Books.
Toffler, A. (1990). *Powershift: Knowledge, wealth, and violence at the edge of the 21st century*. New York: Bantam.
Turner, G. (2004). *Understanding celebrity*. Thousand Oaks: Sage Publication.
Turner, G. (2010). Approaching celebrity studies. *Celebrity Studies*, 1(1),

11-20.

Turner, G. (2014). *Understanding celebrity*. Thousand Oaks: Sage Publication.

Van de Rijt, A., Shor, E., Ward, C., & Skiena, S. (2013). Only 15 minutes? The social stratification of fame in printed media. *American Sociological Review*, 78(2), 266-289.

Van Krieken, R. (2012). *Celebrity society*. London: Routledge.

Wolf, N. (2013). *The beauty myth: How images of beauty are used against women*. New York: Random House.

Yahr, E., Moore, C., & Chow, E. (2015). *How we went from 'Survivor' to more than 300 reality shows: A complete guide*. Retrieved from www.washingtonpost.com/graphics/entertainment/reality-tv-shows/

Yousafzai, M. (2013). *I am Malala: The girl who stood up for education and was shot by the Taliban*. London: Hachette.